Laberintos de la Verdad: Revelando, Comprendiendo y Desacreditando Teorías de la Conspiración en la Era de la Desinformación Digital

Desde la Historia Secreta de los Illuminati hasta los Misterios de la Pandemia: Una Guía Esencial y Profunda para Navegar en el Mar de las Noticias Falsas, Decodificar Mensajes Ocultos y Fomentar el Pensamiento Crítico en la Era Moderna

Diego Encubridor

Introducción

En un mundo complejo y en constante cambio, donde la información es cada vez más accesible pero a menudo distorsionada, la necesidad de **comprensión y claridad** nunca ha sido tan fuerte. Justo en este contexto florecen las **teorías de conspiración**, que prometen explicaciones simples a preguntas complejas, aunque a menudo se basen en premisas discutibles.

Definición de "teoría de la conspiración" Una **"teoría de la conspiración"** puede definirse como una creencia o explicación que sugiere que los eventos o situaciones son el resultado de actividades secretas, maliciosas y cuidadosamente planificadas por un grupo o entidad poderosa, en lugar de ser el resultado de causas visibles, públicas o naturales. En general, estas teorías sostienen que lo que se presenta al público como "verdad" es en realidad una mentira, ocultada por aquellos que se benefician de la desinformación.

¿Por qué son tan atractivas estas teorías? Las **teorías de la conspiración** son atractivas por una serie de razones:

1. **Simplificación:** En un mundo complejo, estas teorías ofrecen explicaciones simples y directas a problemas grandes y complejos. Si algo va mal, es culpa de **"ellos"**, un grupo oscuro y poderoso que opera en las sombras.

2. **Sentido de control:** Aceptar que el mundo es caótico e impredecible puede ser aterrador. Creer en una teoría de la conspiración puede dar la sensación de tener una **comprensión superior de los eventos**, incluso si se basa en premisas falsas.

3. **Afiliación:** Creer en una teoría de la conspiración puede crear un **sentido de pertenencia**. Los **"conscientes"** forman una especie de élite que posee una **"verdad"** oculta para las masas.

4. **Confirmación de creencias previas:** Estas teorías a menudo refuerzan **creencias preexistentes**. Por ejemplo, si alguien desconfía del gobierno, una teoría que afirma que el gobierno oculta la verdad será particularmente atractiva.

5. **Empoderamiento:** Defenderse de poderes aparentemente omnipotentes da un **sentido de resistencia y rebelión**.

La atracción de las Teorías de la Conspiración: Un Análisis Profundo En un esfuerzo por comprender la inagotable atracción de las teorías de la conspiración, es esencial profundizar en las raíces psicológicas, históricas y sociales que dan vida a estas creencias. Además de los factores previamente mencionados, hay muchas otras facetas que contribuyen a la atracción de estas teorías.

Orígenes Históricos La necesidad de encontrar culpables o explicaciones alternativas para eventos traumáticos o incomprensibles tiene **raíces históricas profundas**. Desde tiempos antiguos, las sociedades buscaban explicaciones para eventos inesperados o catastróficos. Las conspiraciones eran una forma de atribuir estos eventos a causas humanas en lugar de fuerzas incontrolables o divinas.

La Biología del Miedo Desde una perspectiva biológica, los seres humanos están programados para **percibir amenazas**. Este mecanismo de supervivencia puede hacer que las personas sean propensas a ver intenciones ocultas incluso cuando no existen. En un entorno moderno, donde las amenazas físicas son menores, esta predisposición puede traducirse en la búsqueda de **"amenazas invisibles"**, como las sugeridas por las teorías de la conspiración.

El Deseo de Singularidad La teoría de la singularidad personal sugiere que las personas tienen un **deseo innato de sentirse especiales o únicas**. Creer en una teoría de la conspiración puede satisfacer este deseo, permitiendo que el individuo se sienta en posesión de **conocimientos exclusivos**.

El Rol de la Desconfianza La desconfianza hacia las autoridades o las instituciones puede predisponer a las personas a creer en teorías alternativas. Este escepticismo puede derivar de **experiencias pasadas de engaño o corrupción** por parte de entidades poderosas.

Tendencia a la Confirmación de Sesgos Los seres humanos tienen la tendencia a buscar, interpretar y recordar la información de manera que **confirme sus creencias preexistentes**. Esto hace que las personas sean particularmente vulnerables a la **desinformación** que alinea las teorías de la conspiración con sus convicciones.

Exclusión Social Los individuos que se sienten **marginados o excluidos** de la sociedad pueden ser particularmente propensos a creer en las teorías de la conspiración, ya que estas ofrecen una explicación de por qué se sienten alienados.

Influencia Cultural Algunas **culturas o sociedades** podrían ser más propensas a las conspiraciones debido a una **historia de opresión, colonialismo o injusticia**. En estos contextos, las teorías de la conspiración pueden parecer más plausibles porque hay un **precedente histórico de engaño** por parte de poderes dominantes.

Narrativas y Narración de Historias Las **historias son un poderoso medio** a través del cual los seres humanos dan sentido al mundo. Las teorías de la conspiración, a menudo narradas como

historias cautivadoras de héroes y villanos, pueden ser mucho más atractivas que explicaciones más complejas o matizadas.

Conclusiones La atracción de las teorías de la conspiración es multifacética y compleja. Aunque su prevalencia puede ser preocupante, es esencial **comprender las motivaciones** detrás de estas creencias para poder abordarlas de manera efectiva. A través de la **educación**, la **sensibilización** y la **promoción del pensamiento crítico**, se puede esperar **contrarrestar el surgimiento y la atracción** de estas teorías en la era moderna.

Historia de las Teorías de la Conspiración

Las teorías de la conspiración no son un fenómeno moderno; han existido durante siglos, si no milenios. Aunque las narrativas específicas y los detalles cambian, las bases de estas sospechas y creencias han permanecido constantes a lo largo del tiempo.

Antecedentes Históricos

1. **Antigüedad:** Ya en la antigua Roma, las conspiraciones eran moneda corriente. Uno de los ejemplos más famosos es la conspiración de Catilina, un intento fallido de derrocar la República Romana. Estos episodios reales de conspiración alimentaban la paranoia y la

desconfianza hacia los líderes y las figuras poderosas.

2. **Edad Media:** Durante la Edad Media, las conspiraciones relacionadas con la religión eran particularmente predominantes. Las acusaciones de herejía y las cacerías de brujas a menudo se basaban en teorías de la conspiración. Los judíos, en particular, eran a menudo falsamente acusados de complots, como el infame "asesinato ritual".

3. **Edad Moderna:** La Revolución Francesa y el asesinato del rey Luis XVI dieron lugar a muchas teorías. La masonería y los Illuminati, ambos grupos esotéricos, se convirtieron en el foco de numerosas teorías de la conspiración que los acusaban de intentar establecer un nuevo orden mundial.

4. **Siglo XX:** El siglo pasado presenció una proliferación de teorías de la conspiración. El asesinato de JFK, el incidente de Roswell y los ataques del 11 de septiembre son solo algunos ejemplos. La Guerra Fría también trajo consigo una serie completa de conspiraciones, con ambas partes acusándose mutuamente de espionaje y sabotaje.

Cómo han evolucionado con el tiempo

1. **Medios de Comunicación:** Con la aparición de la impresión, la radio, la televisión y, más recientemente, internet, las teorías de la conspiración se han vuelto más difundidas y

accesibles. La web, en particular, ha permitido una difusión viral de estas teorías.

2. **Complejidad Social:** A medida que las sociedades se volvieron más complejas, también lo hicieron las conspiraciones. Por ejemplo, mientras que una conspiración en la antigua Roma podría involucrar a un puñado de senadores, una teoría moderna podría implicar a agencias gubernamentales enteras o multinacionales.

3. **Respuesta Institucional:** Inicialmente, las teorías de la conspiración a menudo se veían como una amenaza directa al poder y eran reprimidas. Hoy, aunque algunas teorías siguen siendo vistas con recelo por las autoridades, otras simplemente se ridiculizan o se ignoran.

4. **Globalización:** Con un mundo cada vez más interconectado, las teorías de la conspiración ya no se limitan a una sola nación o cultura. Las teorías que surgen en un país pueden difundirse rápidamente y adaptarse a contextos completamente diferentes.

5. **Cientificidad:** En el siglo XX, muchas teorías de la conspiración comenzaron a revestirse de una pátina de "cientificidad", citando estudios falsos o interpretaciones erróneas de la investigación para legitimar sus afirmaciones.

A medida que avanzamos en la comprensión de la historia de las teorías de la conspiración, se hace evidente cómo estas narrativas y relatos han desempeñado un papel crucial en la formación de la percepción pública de los eventos. De hecho, las teorías de la conspiración a menudo surgen en respuesta a eventos traumáticos o incomprensibles.

Tomemos, por ejemplo, el asesinato de Abraham Lincoln: aunque el asesino, John Wilkes Booth, y sus cómplices fueron identificados y perseguidos rápidamente, surgieron teorías que sugerían que había fuerzas más grandes en juego, que el gobierno mismo podría estar involucrado o que había motivos ocultos detrás del asesinato.

Este patrón se ha repetido en innumerables ocasiones. Después de la muerte de la princesa Diana, a pesar de las abrumadoras pruebas que indicaban un trágico accidente, surgieron teorías que implicaban la participación de la familia real británica, los servicios secretos y otras entidades. La necesidad de encontrar un significado, un motivo o un culpable detrás de eventos trágicos está profundamente arraigada en la psicología humana.

Otro factor que ha influido en la evolución de las teorías de la conspiración es la dinámica del poder y la resistencia. A menudo, las teorías de la conspiración surgen como una forma para que las personas comunes desafíen o cuestionen las narrativas oficiales presentadas por las élites en el poder. Esto puede verse como un intento de reequilibrar el poder, ofreciendo una voz a los marginados o los sospechosos.

Además, las teorías de la conspiración se han adaptado y mutado con las innovaciones tecnológicas. Mientras que antes se transmitían a través de la palabra hablada, libros o cartas, hoy en día internet y las redes sociales han dado a estas teorías un alcance y una velocidad sin precedentes. Esto ha tenido tanto ventajas como desventajas. Por un lado, ha permitido a las personas compartir y discutir estas teorías en comunidades más amplias, proporcionando una plataforma para la verificación y el análisis colectivo. Por otro lado, también ha facilitado la difusión de información incorrecta y no verificada, lo que hace más difícil distinguir la realidad de la ficción.

Es interesante notar cómo algunas teorías de la conspiración, inicialmente ridiculizadas o rechazadas, en algunos raros casos han sido posteriormente validadas. Estos raros eventos han fortalecido la credibilidad de otras teorías, incluso si no tenían fundamento. Por ejemplo, las revelaciones sobre el programa MKUltra de la CIA, un programa secreto de control mental durante la Guerra Fría, han dado credibilidad a muchas otras teorías sobre la manipulación gubernamental, aunque no estuvieran directamente relacionadas.

La cultura popular también ha desempeñado un papel significativo en la evolución y difusión de las teorías de la conspiración. Películas, libros y programas de televisión que tratan sobre conspiraciones, tanto reales como imaginarias, han amplificado el interés del público y, en algunos casos, han difuminado la línea entre la ficción y la realidad. Esta mezcla de realidad y ficción ha complicado aún más los esfuerzos por desentrañar la verdad detrás de muchos eventos y fenómenos.

El creciente impacto de las multinacionales y la interconexión global en los siglos XX y XXI también ha abierto la puerta a teorías de la conspiración de alcance internacional. Organizaciones como la ONU, el Banco Mundial o incluso empresas globales a menudo han sido el centro de teorías que las acusan de conspirar para dominar el mundo o manipular economías y gobiernos. Estas teorías reflejan las preocupaciones e inseguridades de las personas en un mundo cada vez más globalizado, donde las decisiones tomadas a miles de millas de distancia pueden tener un impacto directo en la vida cotidiana de las personas.

La interacción entre las teorías de la conspiración y la política es otro aspecto fundamental a considerar. A lo largo de la historia, diversas figuras políticas, tanto en el poder como en la oposición, han utilizado estas teorías como herramientas para alcanzar varios objetivos. Ya sea para deslegitimar a sus oponentes o para fortalecer su propio poder, las conspiraciones se han convertido en armas de manipulación de masas.

Durante la Guerra Fría, por ejemplo, tanto el Este como el Oeste utilizaron teorías de la conspiración para retratar al otro como una amenaza insidiosa, a menudo asociando a los opositores con conspiraciones de gran alcance. Las operaciones de desinformación, diseñadas para sembrar discordia o crear falsas alarmas, a menudo se basaban en teorías conspirativas creadas ad hoc.

En los regímenes totalitarios o autoritarios, las teorías de la conspiración se utilizaron con frecuencia para justificar purgas, represiones e incluso genocidios. Creando un enemigo invisible y omnipresente, el poder puede justificar acciones que de otra manera serían injustificables y mantener a la población en un estado de miedo y dependencia del gobierno.

Las teorías de la conspiración también han influido en movimientos sociales y revolucionarios. A veces, estos movimientos surgen en respuesta a percepciones reales de injusticia, pero las teorías conspirativas pueden exacerbar las tensiones al proporcionar una explicación simple y monolítica para problemas complejos. De esta manera, en lugar de abordar las sutilezas y la complejidad de los problemas sociales, económicos o políticos, las personas pueden encontrar consuelo en una narrativa que identifica claramente a los "buenos" y a los "malos".

Con la llegada de la era digital, la velocidad y facilidad con la que las teorías de la conspiración pueden ser creadas y difundidas han alcanzado niveles sin precedentes. Los foros en línea, blogs y sitios de redes sociales se convierten en ecosistemas autosuficientes donde las teorías pueden ser compartidas, discutidas y amplificadas sin necesidad de verificación o control crítico. Este entorno, combinado con el efecto de la "burbuja de filtro", donde las personas están expuestas principalmente a información que refuerza sus creencias preexistentes, ha creado una situación en la que las teorías de la conspiración pueden prosperar y radicalizarse sin oposición.

Otro aspecto digno de mención es el papel de las teorías de la conspiración en la economía. Algunas personas han descubierto que alimentar o promover estas teorías puede ser lucrativo. Esto puede ocurrir a través de la venta de libros, la monetización de videos en plataformas como YouTube o incluso a través de la venta de productos que prometen proteger contra presuntas amenazas conspirativas.

El poder de las teorías de la conspiración también radica en su capacidad para brindar un sentido de pertenencia. En un mundo que puede parecer caótico o incomprensible, creer en una teoría conspirativa puede proporcionar un sentido de orden y propósito. También ofrece una comunidad de creyentes similares, un grupo que comparte una "verdad" oculta para las masas. Este sentido de pertenencia y superioridad puede ser profundamente seductor, especialmente en tiempos de incertidumbre o cambio.

Finalmente, si bien muchas teorías de la conspiración son infundadas, siempre existe el peligro de descartar automáticamente cualquier sugerencia de conspiración como pura fantasía. Históricamente, ha habido verdaderas conspiraciones que inicialmente fueron ridiculizadas o rechazadas, solo para ser reveladas posteriormente como verdaderas. El desafío, por lo tanto, radica en encontrar un equilibrio entre el escepticismo saludable y una mente abierta, reconociendo que en un mundo complejo, no todo es siempre como parece.

La historia de las teorías de la conspiración está intrínsecamente entrelazada con la historia de la humanidad misma. Estas teorías han surgido y se han desarrollado como respuesta a nuestras necesidades más profundas de dar sentido al mundo, encontrar orden en el caos y asignar significado a eventos a menudo incomprensibles o traumáticos. Estas necesidades psicológicas han sido alimentadas y amplificadas por la dinámica del poder, la política y la cultura, y se han vuelto más complejas con la llegada de las nuevas tecnologías y la era de la información.

A lo largo de los años, hemos visto cómo las teorías de la conspiración han influido no solo en las percepciones individuales, sino también en eventos históricos de gran envergadura, guiando políticas, desencadenando revoluciones y dando forma al curso de la historia. La interacción entre la realidad y la ficción, entre la verdad y la desinformación, ha difuminado cada vez más las líneas divisorias, llevando a la sociedad a desafiar constantemente sus propias creencias y cuestionar las narrativas aceptadas.

La llegada de lo digital ha acelerado la propagación de las teorías de la conspiración, democratizando el acceso a la información pero también complicando la tarea de distinguir los hechos de la ficción. En una época en la que cada individuo tiene la capacidad de convertirse en un emisor de contenido, la responsabilidad de verificar y discernir a menudo recae en el propio individuo, lo que hace imperativo educar a las masas sobre el pensamiento crítico y la alfabetización mediática.

La economía, la psicología, la cultura y la tecnología
son todos factores que desempeñan un papel en la
perpetuación de las teorías de la conspiración. Pero, en
medio de todo esto, surge un punto crucial: si bien
muchas teorías de la conspiración pueden ser
fácilmente desacreditadas con pruebas concretas, es
esencial mantener una mente abierta y no descartar
automáticamente cada teoría como irrelevante o
ridícula. La historia nos ha demostrado que, en casos
raros pero significativos, lo que puede parecer una
conspiración podría tener en realidad un fundamento
de verdad.

En conclusión, las teorías de la conspiración son un
fenómeno complejo y estratificado, arraigado en
necesidades humanas profundas y alimentado por una
miríada de factores externos. Comprender su origen,
evolución y impacto es fundamental no solo para
navegar por el complejo paisaje informativo de hoy,
sino también para construir una sociedad más
informada, resiliente y cohesionada.

El tejido de las teorías de la conspiración está
fuertemente vinculado a las sutilezas culturales y
sociopolíticas de las diferentes épocas históricas. Si
tomamos, por ejemplo, el período de la Reforma en
Europa, las teorías de la conspiración circulaban
ampliamente entre católicos y protestantes,
acusándose mutuamente de complots nefastos para
controlar a las masas y manipular la doctrina religiosa.

En la era colonial, las potencias europeas que
exploraban y colonizaban nuevas tierras a menudo
eran vistas con sospecha por parte de los pueblos
indígenas y otras naciones europeas. Las teorías de la
conspiración sobre la verdadera naturaleza de sus
misiones, los planes secretos para someter a pueblos y
territorios, y las competencias por los recursos
florecían.

Con la expansión del Imperio Británico, por ejemplo,
muchos creían que existía un plan oculto para dominar
el mundo. Estas ideas conspirativas no eran del todo
infundadas, dada la vasta extensión territorial que el
Imperio estaba acumulando, pero a menudo eran
exageradas y se basaban en temores más que en hechos
concretos.

En el siglo XIX, con la revolución industrial, surgieron
nuevas teorías de la conspiración. El cambio radical
traído por la mecanización y la urbanización dio lugar a
temores sobre la pérdida de autonomía y control. Estas
preocupaciones alimentaron teorías sobre la posible
manipulación por parte de los barones de la industria o
las élites financieras. Las historias de sociedades
secretas, como los Illuminati o los Masones, que
operaban detrás de escena para controlar las
economías y los gobiernos, se volvieron
particularmente populares.

El siglo XX vio luego una explosión de teorías de la
conspiración relacionadas con la Guerra Fría. La
hostilidad entre Este y Oeste alimentó numerosos
relatos de espionaje, sabotaje e infiltración. Se creía
que cada superpotencia estaba trabajando
secretamente para socavar a la otra, y la paranoia era
palpable. Este período también presenció el

surgimiento de teorías sobre avistamientos de OVNIs y encuentros con extraterrestres, a menudo relacionados con presuntos encubrimientos gubernamentales.

Con la disminución de la Guerra Fría y la aparición de la globalización, las teorías de la conspiración comenzaron a centrarse en organizaciones internacionales como las Naciones Unidas o el Grupo Bilderberg. Algunos argumentan que estas entidades están trabajando para crear un gobierno mundial único, mientras que otros ven conspiraciones en los intentos de controlar los recursos globales o manipular eventos económicos.

Luego, la llegada de la tecnología digital ofreció una plataforma sin precedentes para la difusión y amplificación de las teorías de la conspiración. La posibilidad de compartir información en tiempo real y conectarse con personas afines en todo el mundo dio voz a muchas teorías, algunas de las cuales antes estaban confinadas a nichos extremadamente estrechos. La desinformación, las noticias falsas y la manipulación de la información alcanzaron niveles sin precedentes, lo que hizo que fuera cada vez más difícil para el individuo promedio distinguir entre hechos y ficción.

En el transcurso del siglo XXI, hemos visto un aumento de las teorías de la conspiración relacionadas con el cambio climático, la biotecnología y las innovaciones científicas. La rapidez de los avances en estos campos ha llevado a muchas especulaciones sobre las verdaderas intenciones detrás de tales avances. Al mismo tiempo, el surgimiento de pandemias globales como el COVID-19 ha puesto de manifiesto teorías de

la conspiración sobre la creación de virus en
laboratorio o conspiraciones farmacéuticas.
La interacción entre eventos históricos, desarrollos
tecnológicos y necesidades psicológicas humanas ha
asegurado que las teorías de la conspiración sigan
siendo una constante, aunque cambiantes, en la
historia humana. Si bien las circunstancias y los
detalles específicos pueden cambiar, la tendencia a
buscar patrones ocultos, agentes secretos y fuerzas
oscuras detrás de los eventos mundiales persiste. Y
aunque las teorías de la conspiración a menudo pueden
ser fácilmente desacreditadas, su persistencia en el
tejido de la sociedad refleja profundas inseguridades,
temores y deseos de comprender un mundo en
constante evolución.

**Además de lo ya discutido, es interesante
observar cómo las teorías de la conspiración se
han manifestado en diferentes culturas y
regiones del mundo**, mostrando una combinación
de temas universales y preocupaciones locales
específicas. Mientras que en Occidente se podrían
mencionar a los Illuminati o las conspiraciones
relacionadas con la muerte de personalidades como
Marilyn Monroe, en otras partes del mundo las teorías
de la conspiración tienen un matiz local distintivo.
En el Medio Oriente, por ejemplo, las teorías de la
conspiración a menudo giran en torno a conflictos
regionales, intervenciones extranjeras y tensiones
religiosas. Se puede encontrar a personas que creen
firmemente que hay conspiraciones detrás de escena
orquestadas por potencias occidentales para controlar

los recursos petroleros o manipular la política regional. Revoluciones y golpes de Estado a menudo alimentan estas teorías, ya que la población busca dar sentido a eventos tumultuosos y a menudo trágicos.

En Asia, las teorías de la conspiración pueden centrarse en temas como la supremacía regional, conflictos territoriales y la difusión del poder suave. Por ejemplo, las tensiones entre India y China han dado lugar a diversas teorías, al igual que las cuestiones relacionadas con el Mar de China Meridional. La influencia cultural y tecnológica de Japón durante el siglo XX, seguida de su ascenso y caída económica, ha dado lugar a numerosas especulaciones y narrativas conspirativas.

En África, las teorías de la conspiración a menudo están relacionadas con los lazos poscoloniales, los recursos naturales como los diamantes o las tierras raras y los rápidos cambios políticos. La interferencia de potencias extranjeras, la expansión de multinacionales y cuestiones relacionadas con los derechos humanos alimentan estas teorías. El continente tiene una historia compleja de interferencias externas, explotación y resistencia, lo que proporciona un terreno fértil para el surgimiento de teorías de la conspiración.

América Latina, con sus revoluciones, golpes de Estado y su historia de intromisión por parte de potencias extranjeras, en particular los Estados Unidos durante la Guerra Fría, tiene una rica tradición de teorías de la conspiración. La Operación Cóndor, una operación secreta entre varios gobiernos de América del Sur para combatir la insurgencia comunista, es solo un ejemplo de cómo la realidad a veces puede superar la ficción.

Además, figuras como Che Guevara, Fidel Castro y muchos otros líderes latinoamericanos a menudo son el centro de teorías conspirativas que buscan descifrar los verdaderos motivos detrás de sus acciones y sus muertes.

En la modernidad, la interconexión global y la difusión de tecnologías de comunicación han permitido una fusión de teorías de la conspiración de diferentes partes del mundo. Esta mezcla global ha dado lugar a narrativas aún más complejas e intrincadas. Teorías que antes estaban confinadas a una región en particular ahora encuentran eco a miles de kilómetros de distancia. Este fenómeno ha ampliado el alcance y el impacto de tales teorías, creando un terreno común para personas de diferentes antecedentes culturales y geográficos.

Además, la intersección de estas teorías con la cultura popular ha confundido aún más la línea entre la realidad y la ficción. Con el cine, la literatura y las series de televisión que a menudo se inspiran en teorías de la conspiración reales para crear tramas convincentes, se ha vuelto cada vez más difícil para el público discernir dónde termina la realidad y dónde comienza la fantasía. Esta intrincada mezcla ha llevado a una mayor difusión y aceptación de tales teorías en sociedades que de otra manera podrían haber sido escépticas.

Por último, no se puede pasar por alto el papel de las plataformas de redes sociales. Con algoritmos diseñados para maximizar la participación, a menudo se crean cámaras de eco donde las personas están expuestas principalmente a información que refuerza sus creencias y temores preexistentes. En un entorno así, las teorías de la conspiración pueden florecer sin obstáculos, alimentando divisiones y desconfianza en las instituciones y verdades establecidas.

3. Definición del "Nuevo Orden Mundial" El término "Nuevo Orden Mundial" (NOM) ha tenido varios significados a lo largo de los años y puede referirse tanto a una evolución política y geopolítica real como a teorías conspirativas populares. Aquí tienes una definición detallada:

Nuevo Orden Mundial (NOM) Definición Geopolítica: En un contexto histórico y geopolítico, el término "Nuevo Orden Mundial" se ha utilizado para describir cambios fundamentales en el poder político y las relaciones internacionales. A menudo se ha evocado en períodos de grandes cambios o perturbaciones globales.

- **Después de la Primera Guerra Mundial:** El uso del término se remonta a la época posterior a la Primera Guerra Mundial, cuando las naciones buscaban crear un nuevo equilibrio de poder y prevenir futuros conflictos. Este deseo se manifestó en la creación de la Sociedad de Naciones.
- **Después de la Segunda Guerra Mundial:** El término se utilizó nuevamente en el período posterior a la Segunda Guerra Mundial, especialmente por personalidades como Winston Churchill. El "Nuevo Orden Mundial" de esa época se caracterizó por el surgimiento de las Naciones Unidas, la división del mundo en bloques oriental y occidental durante la Guerra Fría, y la descolonización de África y Asia.

- **Fin de la Guerra Fría:** En los años 90, después del colapso de la Unión Soviética, el término se evocó nuevamente para describir un mundo unipolar dominado por Estados Unidos, con el ascenso de nuevos poderes económicos como China e India.

Teorías Conspirativas: Por otro lado, en las teorías conspirativas, el "Nuevo Orden Mundial" a menudo se refiere a un presunto plan secreto orquestado por élites globales para establecer un gobierno mundial unificado que tendría un control total sobre todos los aspectos de la vida humana. Estas teorías a menudo están relacionadas con temas como:

- **Control global:** La idea de que un pequeño grupo de élites poderosas está trabajando detrás de escena para establecer un único gobierno mundial.
- **Simbología:** Los partidarios de estas teorías a menudo citan símbolos como el ojo que todo lo ve o la pirámide como evidencia de estos planes secretos. Estos símbolos se ven en billetes, edificios y otros lugares, interpretados como manifestaciones de la influencia oculta del NOM.
- **Organizaciones:** Entidades como las Naciones Unidas, el Fondo Monetario Internacional, el Grupo Bilderberg, los Masones y los Rothschild a menudo se citan como herramientas o protagonistas de esta presunta conspiración.
- **Eventos globales:** Cada gran crisis o evento internacional, como las guerras, las crisis financieras o las pandemias, son vistos por algunos como pasos hacia el establecimiento de este orden mundial.

Es importante destacar que, si bien la dinámica geopolítica es un campo de estudio legítimo basado en hechos y análisis históricos, las teorías conspirativas sobre el Nuevo Orden Mundial a menudo se basan en especulaciones, interpretaciones erróneas y desinformación. La comprensión del término "Nuevo Orden Mundial", por lo tanto, depende en gran medida del contexto en el que se utiliza.

El concepto del "Nuevo Orden Mundial" no solo está arraigado en la política y las teorías de la conspiración, sino que también tiene profundas implicaciones culturales, económicas y sociales. La idea misma de un cambio radical en el orden mundial suscita preocupaciones sobre la soberanía, la cultura y la identidad.

Desde el punto de vista económico, el surgimiento de la globalización a menudo se ha asociado con el concepto de un Nuevo Orden Mundial. La integración económica, el ascenso de las multinacionales y la fluidez del capital a través de las fronteras han reducido el poder de los Estados nación para controlar completamente sus propias economías. Esta pérdida de control ha alimentado temores y especulaciones. Algunos ven esto como un plan deliberado para centralizar el poder económico, mientras que otros lo ven como una evolución natural del capitalismo y la tecnología.

La tecnología, en particular, la llegada de la era digital, ha desempeñado un papel fundamental en la formación de las percepciones del Nuevo Orden Mundial. La rapidez con la que ahora se pueden compartir y difundir la información ha transformado la forma en que las personas perciben el mundo que les rodea. Internet ha dado voz a muchos que antes no la tenían, lo que ha permitido la formación de comunidades y grupos de pensamiento que a menudo desafían las narrativas tradicionales. Esta democratización de la información también ha abierto la puerta a la desinformación y la manipulación, creando un ambiente propicio para la proliferación de teorías conspirativas.

Desde el punto de vista cultural, la idea de un Nuevo Orden Mundial plantea preocupaciones sobre la homogeneización de las culturas y la pérdida de identidades culturales únicas. En un mundo cada vez más interconectado, existe la preocupación de que las culturas dominantes puedan suprimir y reemplazar a las culturas minoritarias, lo que lleva a un mundo más uniforme pero también menos diverso. Esta tensión entre la globalización y la conservación cultural ha alimentado muchos debates sobre el futuro del multiculturalismo.

El concepto del Nuevo Orden Mundial también se entrelaza con otras ideologías y movimientos. Por ejemplo, el ambientalismo y las preocupaciones sobre el cambio climático han llevado a algunos a pedir una respuesta global coordinada a los problemas ambientales. Esta demanda de cooperación internacional, para algunos, podría parecer un paso hacia un gobierno mundial, lo que alimenta aún más las teorías conspirativas.

Las religiones también han desempeñado un papel en la formación del concepto del Nuevo Orden Mundial. Algunas interpretaciones escatológicas del cristianismo, el islam y otras religiones ven el surgimiento de un gobierno mundial como una señal de los tiempos finales. Estas referencias religiosas han influido profundamente en la percepción y aceptación de las teorías del Nuevo Orden Mundial en diferentes comunidades.

A medida que el mundo continúa evolucionando y enfrentándose a nuevos desafíos y oportunidades, la idea de un Nuevo Orden Mundial seguirá siendo un tema de discusión, tanto como reflejo de las dinámicas de poder reales en el mundo como como una lente a través de la cual se ven e interpretan esas dinámicas. La interacción entre el Nuevo Orden Mundial y la percepción de las personas también tiene raíces profundas en la psicología humana. Comprender cómo y por qué las personas creen en teorías particulares puede arrojar luz sobre la naturaleza persistente del concepto del Nuevo Orden Mundial.

La necesidad humana de comprensión y orden es un punto central. Cuando nos enfrentamos a eventos complejos o confusos, nuestra mente a menudo busca explicaciones que puedan proporcionar un sentido de orden o razón. Las teorías de la conspiración, como la del Nuevo Orden Mundial, ofrecen estas explicaciones, presentando un marco en el que los eventos no son aleatorios, sino el resultado de planes secretos orquestados por figuras poderosas. Esto proporciona una sensación de claridad y, para algunos, un sentido de control.

La forma en que se presentan y consumen la información en la era moderna también desempeña un papel fundamental en la propagación de las ideas del Nuevo Orden Mundial. Las redes sociales, en particular, han cambiado radicalmente el panorama de la información. Las plataformas que premian el contenido sensacionalista y divisivo pueden amplificar teorías como la del Nuevo Orden Mundial. El diseño de algunas plataformas favorece las cámaras de eco, donde los usuarios están constantemente expuestos a contenido que refuerza sus creencias preexistentes, independientemente de la veracidad de dicho contenido.

Además, en períodos de incertidumbre socioeconómica, las personas tienden a buscar culpables o fuerzas oscuras que estén manipulando los eventos en su contra. La creciente desigualdad económica, los cambios demográficos y la rápida evolución tecnológica son factores que pueden crear ansiedad e incertidumbre en la población. En este clima, las teorías que sugieren un orden oculto detrás del caos pueden ganar tracción.

La importancia de la identidad y la pertenencia no debe pasarse por alto. Para muchas personas, creer en teorías como la del Nuevo Orden Mundial se convierte en una parte fundamental de su identidad. Ser parte de una comunidad de creyentes puede proporcionar un sentido de pertenencia y comprensión. Esto puede reforzar aún más las creencias, ya que los desafíos o críticas a estas teorías se perciben no solo como ataques a las ideas en sí, sino también como ataques personales.

Otro aspecto a considerar es la evolución de la geopolítica y la diplomacia. A medida que las naciones avanzan hacia un mayor multilateralismo e interdependencia, a menudo se toman decisiones en foros internacionales como las Naciones Unidas, el G7, el G20 y otras organizaciones. Este cambio del nacionalismo tradicional hacia soluciones globales a problemas globales puede ser interpretado por algunos como un paso hacia un "gobierno mundial", lo que alimenta aún más las teorías del Nuevo Orden Mundial.

En resumen, el concepto del Nuevo Orden Mundial es una amalgama de realidades históricas, preocupaciones geopolíticas, temores psicológicos e influencias culturales. A medida que el mundo cambia y se adapta a nuevos desafíos, es probable que las interpretaciones y percepciones del Nuevo Orden Mundial sigan evolucionando y adaptándose en consecuencia.

El concepto de "Nuevo Orden Mundial" está frecuentemente vinculado a cuestiones relacionadas con la evolución de las estructuras de poder y la aparición de nuevas tecnologías. Cada innovación tecnológica, cambio en el equilibrio de poder entre las naciones y nuevas tendencias socioculturales pueden convertirse en terreno fértil para interpretaciones y especulaciones.

Si examinamos las tecnologías emergentes, podemos ver cómo la inteligencia artificial, la biotecnología y la red 5G, por ejemplo, han suscitado a menudo preocupaciones y teorías sobre su conexión con un presunto Nuevo Orden Mundial.

- **Inteligencia artificial:**
  - **Capacidad de procesamiento de datos:** La inteligencia artificial, con su capacidad para procesar y analizar enormes cantidades de datos, podría teóricamente ser utilizada para monitorear e influenciar

el comportamiento humano a una escala
sin precedentes.
  - **Especulaciones sobre el uso por parte
    de élites:** Este potencial de poder ha
    llevado a muchas especulaciones sobre el
    uso de estas tecnologías por parte de
    grupos de élite para controlar a las masas.
- **Biotecnología:**
  - **Manipulación genética:** La
    biotecnología, especialmente la capacidad
    de modificar genéticamente organismos, ha
    suscitado temores sobre posibles
    manipulaciones de seres humanos.
  - **Especulaciones sobre "super
    soldados":** Las especulaciones abarcan
    desde la creación de "super soldados" hasta
    la manipulación genética para controlar o
    influenciar las capacidades cognitivas o
    emotivas de las personas.
- **Red 5G:**
  - **Teorías conspirativas:** El despliegue y la
    difusión de la red 5G han generado teorías
    conspirativas que sugieren que esta
    tecnología podría ser utilizada para ejercer
    un control directo o indirecto sobre la
    población. Estas ideas se basan a menudo
    en información inexacta o engañosa, pero
    la esencia de tales teorías se encuentra en el
    temor a lo desconocido y la desconfianza
    hacia nuevas tecnologías mal
    comprendidas.

**Las estructuras económicas globales también
están en el centro de las discusiones sobre el**

Nuevo Orden Mundial. Instituciones como el Fondo Monetario Internacional, el Banco Mundial y el Foro Económico Mundial son vistas por algunos como herramientas de una élite global que busca dominar la economía mundial. Las decisiones tomadas por estas organizaciones pueden tener un profundo impacto en la economía de naciones enteras, y la falta de transparencia o comprensión de estos procesos de toma de decisiones puede alimentar más especulaciones y teorías.

El creciente interés en las criptomonedas y la tecnología blockchain ofrece otro ejemplo de cómo las nuevas tendencias pueden alimentar el discurso sobre el Nuevo Orden Mundial. Mientras que algunas personas ven las criptomonedas como un medio para escapar del control de los gobiernos y los bancos centrales, otros teorizan que podrían ser utilizadas por grupos de élite para crear una sola moneda mundial, consolidando aún más el control sobre la economía global.

Finalmente, no podemos ignorar la influencia de la cultura popular en la formación y difusión de ideas relacionadas con el Nuevo Orden Mundial. Películas, libros, series de televisión y música a menudo exploran temas de control, manipulación y poder oculto, lo que puede influir en la percepción del público sobre la realidad del mundo en el que viven. Mientras surgen nuevas tendencias y la sociedad continúa evolucionando, las interpretaciones y especulaciones sobre el Nuevo Orden Mundial inevitablemente se adaptarán, reflejando las ansiedades y preocupaciones de la época en la que vivimos.

La idea del "Nuevo Orden Mundial", en sus múltiples formas, representa un complejo mosaico de miedos, expectativas e interpretaciones sobre el futuro de la sociedad global. Este concepto se ha arraigado profundamente en el imaginario colectivo, evolucionando y adaptándose a nuevos contextos y desafíos emergentes.

En el centro de estas teorías se encuentra la tensión entre el individuo y las estructuras de poder. La historia ha demostrado que con el tiempo, las estructuras de poder cambian, evolucionan y a veces se consolidan. Ya sea el surgimiento de imperios o la formación de nuevos bloques económicos, la dinámica entre el poder centralizado y la autonomía individual o nacional siempre ha generado debate y especulación.

En la era moderna, la rápida innovación tecnológica ha amplificado estas tensiones. El acceso a la información, las comunicaciones instantáneas y la capacidad de influir en grandes segmentos de la población a través de los medios digitales han creado oportunidades sin precedentes, pero también nuevos desafíos en términos de privacidad, autonomía y libertad.

La interpretación y la respuesta al concepto de "Nuevo Orden Mundial" varían ampliamente. Para algunos, representa una oportunidad para un mundo más unido y colaborativo, donde los desafíos globales pueden abordarse de manera colectiva. Para otros, evoca temores de un control centralizado, la pérdida de soberanía y libertades personales.

Estas percepciones se complican aún más por la naturaleza cada vez más compleja de la geopolítica y la diplomacia internacional. En un mundo donde a menudo se toman decisiones económicas, políticas y sociales en contextos internacionales, es inevitable que surjan preguntas sobre la naturaleza y el origen de esas decisiones. La falta de transparencia en algunas de estas instituciones globales alimenta aún más las especulaciones.

En resumen, el "Nuevo Orden Mundial", en su esencia, no es tanto una realidad concreta como una lente a través de la cual las personas buscan interpretar y dar sentido a un mundo en constante cambio. Refleja las ansiedades, esperanzas y expectativas de la humanidad sobre su futuro. Como tal, a medida que el mundo continúa evolucionando, es probable que las discusiones y especulaciones sobre este concepto persistan, ofreciendo una ventana a las complejas dinámicas entre individuos, sociedades y estructuras de poder en el siglo XXI.

Medios de Difusión

El papel de los medios tradicionales. El impacto de las redes sociales.

Medios de Difusión

La difusión de teorías de conspiración no es un fenómeno nuevo, pero la forma en que se comunican y comparten estas teorías ha experimentado cambios significativos con el tiempo. Los medios a través de los cuales se transmiten estas ideas desempeñan un papel fundamental en determinar su alcance e influencia.

El papel de los medios tradicionales:

Desde hace mucho tiempo, periódicos, revistas, radio y televisión han tenido el poder de moldear la opinión pública. Las teorías de conspiración, cuando son tratadas por los medios tradicionales, pueden ganar una aparente legitimidad simplemente porque se presentan en una plataforma reconocida.

- **Resonancia:** Una historia sensacionalista o una teoría intrigante puede llamar la atención del público, llevando a los medios a darle espacio. Esto puede llevar a un efecto de amplificación, donde una teoría marginal puede parecer más extendida o aceptada de lo que realmente es.

- **Credibilidad:** La presentación de una teoría en un contexto mediático tradicional, especialmente si no se contextualiza adecuadamente o se contradice, puede darle una apariencia de credibilidad.

- **Agenda Setting:** Los medios tradicionales tienen la capacidad de establecer la agenda de debate público. Si deciden centrarse en una teoría o tema particular, pueden influir indirectamente en la importancia que el público otorga a ese tema.

El impacto de las redes sociales:

Con la llegada de las redes sociales, la dinámica de la difusión de información ha experimentado una profunda transformación. Plataformas como Facebook, Twitter, YouTube y TikTok han democratizado el acceso a la información, permitiendo que cualquiera comparta y difunda sus propias ideas.

- **Viralidad:** Una de las características clave de las redes sociales es su capacidad para hacer que una idea se vuelva viral. Una teoría de conspiración puede ganar rápidamente tracción y difundirse a millones de personas en cuestión de horas o días.

- **Eco-cámara:** Las plataformas sociales a menudo utilizan algoritmos que muestran a los usuarios contenido similar al que han apreciado o compartido anteriormente. Esto puede crear "cámaras de eco", donde las personas están expuestas principalmente a información que refuerza sus creencias preexistentes, reduciendo la exposición a puntos de vista contrastantes.

- **Fuentes no verificadas:** A diferencia de los medios tradicionales, que suelen tener redacciones y procesos de verificación de información, en las redes sociales cualquiera puede publicar contenido. Esto ha llevado a una difusión sin precedentes de noticias falsas, distorsiones y teorías infundadas.

En resumen, mientras que los medios tradicionales pueden conferir una especie de "señal de legitimidad" a ciertas teorías, las redes sociales las amplifican y difunden a un ritmo sin precedentes. Esta combinación ha hecho que las teorías de conspiración sean más omnipresentes que nunca en nuestra sociedad moderna.

La difusión de teorías de conspiración en los medios tradicionales y las redes sociales no se puede comprender sin tener en cuenta los cambios culturales y tecnológicos de las últimas décadas.

En las décadas de 1970 y 1980, antes de la llegada de Internet, las teorías de conspiración a menudo se limitaban a pequeñas comunidades, publicaciones de nicho y programas de radio de medianoche. La barrera de entrada para tener una voz en los medios era bastante alta; las editoriales, las emisoras de televisión y las estaciones de radio tenían el control sobre la mayoría del contenido que consumía el público.

Con la aparición de la televisión por cable en la década de 1990, el panorama mediático comenzó a diversificarse. Surgieron canales dedicados a temas de nicho, que ofrecían plataformas a voces que anteriormente habrían tenido dificultades para encontrar un espacio en los medios convencionales. Este período vio el surgimiento de programas que exploraban misterios, OVNIs y otras teorías alternativas, llevando estas ideas a un público mucho más amplio.

La llegada de Internet revolucionó aún más la difusión de información. Los foros en línea, como los de Usenet, se convirtieron en lugares donde las teorías de conspiración podían discutirse y desarrollarse. Estos espacios virtuales permitieron a personas de todo el mundo compartir información, independientemente de su credibilidad o precisión.

Pero es con el surgimiento de las redes sociales en el nuevo milenio que la difusión de las teorías de conspiración experimentó un verdadero auge. Con plataformas como Facebook, Twitter y YouTube, las personas no solo podían consumir contenido, sino también crearlo y compartirlo. Esto redujo enormemente la barrera de entrada para compartir información. Las teorías, independientemente de su veracidad, podían volverse virales en cuestión de horas, llegando a millones, si no miles de millones, de personas.

Otro elemento crucial en la difusión de las teorías de conspiración en las redes sociales es la personalización del contenido. Los algoritmos de muchas plataformas sociales muestran a los usuarios contenido basado en sus comportamientos en línea anteriores. Esto significa que si un usuario muestra interés en una teoría de conspiración en particular, es probable que se le muestre contenido similar en el futuro. Esta continua confirmación puede solidificar las creencias y aislar a los usuarios de información contrapuesta.

Además, la naturaleza de las redes sociales fomenta la formación de comunidades. Mientras que en el pasado, las personas que creían en teorías alternativas podían sentirse aisladas, ahora pueden encontrar y relacionarse fácilmente con miles de personas que tienen ideas similares. Estos grupos pueden actuar como cámaras de resonancia, donde las ideas se refuerzan continuamente sin ser desafiadas.

Otro punto destacable es la creciente desconfianza en los medios tradicionales. Los estudios han demostrado que la confianza en el periodismo y las instituciones tradicionales está disminuyendo en muchas partes del mundo. Esta desconfianza puede llevar a las personas a buscar fuentes alternativas de información, que a menudo incluyen teorías de conspiración.

La interacción entre los medios tradicionales y los nuevos medios en la difusión de teorías de conspiración nos ofrece una visión fascinante y compleja de la naturaleza cambiante de la información y su percepción en la era digital.

Por un lado, los medios tradicionales, con su histórica autoridad y redacciones profesionales, aún tienen un poder significativo para definir y moldear las narrativas dominantes. Estas instituciones, a menudo respaldadas por siglos de reputación, pueden, a través de una selección y presentación precisa de las noticias, destacar teorías o temas particulares, haciéndolos centrales en el debate público. Sin embargo, esta misma autoridad ha llevado en ciertos casos a que sean vistos con recelo por parte de la población, lo que ha dado lugar a sentimientos de desconfianza y acusaciones de representar "narrativas oficiales" en lugar de verdades objetivas.

Por otro lado, las redes sociales y las plataformas digitales han democratizado el acceso y la distribución de información como nunca antes. Esta democratización, si bien es positiva para promover la libertad de expresión, también ha llevado consigo una difusión generalizada de información errónea, noticias falsas y teorías no verificadas. La naturaleza de los algoritmos, diseñados para maximizar la interacción y el compromiso, a menudo amplifica aún más estas teorías, sumiendo a los usuarios en una espiral de confirmación de sus propias creencias, aislandolos de visiones contrastantes y desafiantes.

Pero, ¿qué significa todo esto para la sociedad moderna? La intersección de estos dos mundos mediáticos ha creado un ecosistema informativo en el que la verdad a menudo es fluida, sujeta a interpretación y, en algunos casos, manipulación. En un entorno así, la capacidad de ejercer un pensamiento crítico, cuestionar el origen de la información y su validez se vuelve esencial.

El impulso humano de buscar patrones, conexiones y significados, especialmente en tiempos de incertidumbre, siempre ha alimentado la atracción por las teorías de conspiración. Pero en una era caracterizada por la sobrecarga de información y la creciente polarización, la necesidad de discernimiento y de una ciudadanía informada y crítica se vuelve aún más crucial. En última instancia, la responsabilidad no recae solo en los medios, sino también en los individuos, en educarse y abordar la información con un sano escepticismo y un deseo de comprensión.

Teorías de la Conspiración Populares Las teorías de la conspiración siempre han desempeñado un papel en el imaginario colectivo, ofreciendo explicaciones alternativas a eventos o circunstancias que a menudo escapan a la comprensión común. Algunas de estas teorías se han vuelto particularmente populares, en gran parte debido a su difusión a través de diversos medios. A continuación, se presenta un análisis de algunas de las teorías de conspiración más conocidas y persistentes:

1. **Illuminati:** Originalmente, los Illuminati fueron un grupo real fundado en 1776 en Baviera, Alemania. Se trató de una sociedad secreta con

objetivos iluministas que promovían la libertad personal y se oponían al control religioso y principesco sobre la vida de las personas. Sin embargo, con el tiempo, el término "Illuminati" se ha asociado con numerosas teorías de conspiración que afirman que este grupo secreto se ha infiltrado en diversas instituciones globales, adquiriendo un control invisible sobre el mundo. Estas teorías sugieren que los Illuminati están detrás de varios eventos globales, trabajando en las sombras para establecer un "Nuevo Orden Mundial". Su presencia a menudo se asocia con simbolismos ocultos en películas, música e incluso billetes.

2. **Control de la Población:** La teoría del control de la población sostiene que grupos elitistas o gubernamentales están tratando de controlar o reducir la población mundial a través de diversos medios. Estos métodos incluyen, pero no se limitan a, vacunaciones, control de natalidad, alimentos modificados genéticamente e incluso epidemias inducidas. Uno de los ejemplos más citados en esta teoría es la Agenda 21 de las Naciones Unidas, que a menudo se interpreta de manera incorrecta como un plan para despoblar el planeta, aunque en realidad es un esfuerzo para promover la sostenibilidad a nivel mundial.

3. **Ufología y Conspiraciones Extraterrestres:** Quizás una de las teorías de la conspiración más fascinantes y extendidas se refiere a los OVNIs y la existencia de vida extraterrestre. Esta teoría sugiere que los gobiernos e instituciones han interactuado en secreto con civilizaciones extraterrestres o han encubierto evidencia de avistamientos de OVNIs. El incidente de Roswell en 1947, donde se afirma que un platillo volante se estrelló en Nuevo México, a menudo se menciona como un ejemplo principal de esta encubierta. Otras teorías sostienen que la tecnología alienígena ha sido recuperada y utilizada para desarrollos tecnológicos secretos o que existen bases alienígenas ocultas, como la famosa Área 51.

La popularidad de estas teorías de conspiración se puede atribuir a una combinación de factores, incluida la desconfianza en las instituciones, la necesidad humana de encontrar respuestas a preguntas sin resolver y su amplia difusión a través de diversos medios. A pesar de que a menudo carecen de pruebas concretas, su persistencia a lo largo del tiempo demuestra su impacto en la psicología colectiva.

La atracción ejercida por las teorías de la conspiración, especialmente las de gran atractivo como los

Illuminati, el control de la población y las conspiraciones extraterrestres, se puede ver como un reflejo de las inquietudes, curiosidades y ansiedades colectivas. Mientras uno podría preguntarse por qué tantas personas se sienten atraídas por estas narrativas, la respuesta podría residir en una combinación de factores psicológicos, históricos y culturales.

Tomemos, por ejemplo, los Illuminati. El atractivo de esta teoría reside en parte en el misterio y la clandestinidad. Vivimos en una época en la que las noticias globales están siempre al alcance de la mano, y la idea de que todavía existen secretos tan profundos alimenta la curiosidad. A menudo, los Illuminati se representan como marionetistas que manejan los eventos globales, lo que sugiere que detrás de la complejidad y el aparente caos del mundo moderno hay un orden oculto. Esta necesidad de encontrar un orden en el caos puede ser reconfortante para algunas personas, ofreciendo una explicación para eventos que de otro modo serían incomprensibles.

La teoría del control de la población, por otro lado, está arraigada en las ansiedades contemporáneas sobre la superpoblación, los recursos limitados y la autoridad gubernamental. En un mundo donde la información sobre el crecimiento demográfico, el cambio climático y los recursos está siempre disponible, el temor a que pueda haber una agenda oculta para controlar o limitar el crecimiento poblacional no es del todo infundado en la mente de algunos. Este tipo de teoría también puede derivar de una profunda desconfianza hacia las instituciones, alimentada por escándalos reales y percepciones de corrupción.

En cuanto a la ufología, la inmensidad del universo y la idea de que podría haber civilizaciones más allá de la Tierra siempre ha fascinado a la humanidad. Durante siglos, los seres humanos han estado haciendo preguntas sobre nuestro papel y la posibilidad de otras formas de vida. Con el advenimiento de la tecnología espacial y el creciente descubrimiento de exoplanetas, la idea de que no estamos solos en el universo ya no parece tan remota. Teorías como el incidente de Roswell o el secretismo de la Área 51 alimentan esta curiosidad, sugiriendo que podría haber habido interacciones previas entre humanos y extraterrestres.

Todas estas teorías, aunque diferentes, comparten la tendencia a desafiar las narrativas oficiales y ofrecer alternativas seductoras que responden a preguntas profundas o miedos latentes. Su difusión se ve aún más alimentada por la naturaleza viral de los medios modernos, donde las historias controvertidas o misteriosas pueden ganar rápidamente impulso. Además, la capacidad de comunicar e intercambiar ideas en comunidades en línea ha proporcionado una plataforma para estas teorías, lo que les permite florecer y evolucionar dinámicamente.

La necesidad humana de buscar significado y orden en fenómenos inexplicables siempre ha sido evidente en la historia. Las teorías de la conspiración ofrecen una narrativa que a menudo llena los vacíos del conocimiento, atribuyendo eventos o situaciones a fuerzas oscuras y poderosas que operan detrás de escena. Aunque algunas de estas teorías son fácilmente refutables con pruebas concretas, su capacidad para adaptarse y cambiar las hace particularmente resistentes a la crítica.

Tomemos, por ejemplo, la persistencia de la creencia en los Illuminati. Aunque originalmente fueron una sociedad del siglo XVIII con objetivos bien definidos, su leyenda ha continuado evolucionando y adaptándose a las preocupaciones contemporáneas. En el siglo XX, con la creciente globalización y la interconexión de las economías y políticas, los Illuminati se convirtieron en el chivo expiatorio ideal para aquellos que creen en una conspiración globalista que busca dominar el mundo. La cultura popular también ha desempeñado un papel en amplificar este mito: películas, libros y música han incorporado la imagen de los Illuminati, a menudo atribuyéndoles poderes e intenciones exageradas.

Las teorías del control de la población tocan un nervio particular, especialmente en una era en la que la biotecnología y la medicina están avanzando a pasos agigantados. La capacidad de manipular el genoma humano, crear vacunas y influir en la biología a nivel molecular ha llevado a muchos a temer que estas tecnologías puedan utilizarse de manera éticamente cuestionable. Además, con la creciente urbanización y la densidad demográfica en muchas áreas, la idea de un control deliberado de la población no es completamente ajena a los temores de muchos.

En cuanto a la ufología, la infinitud del universo y la idea de que puede haber civilizaciones más allá de la Tierra siempre ha fascinado a la humanidad. Cada vez que se avista un objeto volador no identificado, se renueva la esperanza y la curiosidad de que tal vez no estemos solos. Esta teoría ha ganado aún más tracción con el acceso a plataformas como YouTube, donde los videos de supuestos avistamientos pueden ser compartidos y vistos por millones de personas. El Área 51, con su aura de secreto, ha alimentado aún más las especulaciones, con muchas personas creyendo que dentro de sus instalaciones se ocultan tecnologías alienígenas o incluso extraterrestres capturados.

Otro aspecto fundamental en la persistencia de estas teorías es la complejidad del mundo moderno. En una época en la que la información es abundante pero a menudo contradictoria, muchas personas se sienten abrumadas y buscan explicaciones simples para problemas complejos. Las teorías de la conspiración, aunque intrincadas, a menudo ofrecen una narrativa lineal y clara, en la que "los malos" son claramente identificables y responsables de las injusticias del mundo. Este tipo de narrativa puede ser reconfortante, ya que ofrece un sentido de claridad en medio del caos.

Además, la naturaleza polarizada de la política y los medios de comunicación en muchas sociedades ha contribuido a crear cámaras de resonancia en las que las personas solo están expuestas a información que refuerza sus creencias preexistentes. Este fenómeno, conocido como "sesgo de confirmación", es particularmente evidente en las teorías de la conspiración. Cuando las personas están inmersas en estas cámaras de resonancia, les resulta difícil aceptar o incluso considerar puntos de vista alternativos.

La crecimiento y proliferación de los medios digitales han tenido un papel ambivalente en la difusión de las teorías de conspiración. Por un lado, han democratizado el acceso a la información, permitiendo que cualquiera comparta sus opiniones y busque verdades alternativas. Por otro lado, también han creado burbujas informativas en las que las personas solo están expuestas a información que refuerza sus creencias preexistentes. Esto, combinado con el sesgo de confirmación, ha hecho que muchas teorías de conspiración sean casi impermeables a la crítica o el cuestionamiento.

En conclusión, las teorías de la conspiración no son simplemente una moda pasajera o una desviación de la comprensión ordinaria de los eventos. Son más bien el producto de profundas fuerzas culturales, psicológicas e históricas. Su presencia y resistencia en el discurso público deben entenderse no solo como un desafío a la información precisa, sino también como un reflejo de las ansiedades, esperanzas y miedos humanos en el intento de navegar en un mundo cada vez más complejo e interconectado. Su continua evolución y adaptación a nuevas circunstancias y medios muestran la flexibilidad y resistencia de estas narrativas, que probablemente seguirán dando forma al discurso público y privado durante mucho tiempo.

6. Factores psicológicos Comprender el atractivo de las teorías de conspiración requiere una mirada profunda a los recovecos de la mente humana. Varios factores psicológicos, a menudo arraigados en nuestra evolución como especie, nos hacen vulnerables a tales creencias, incluso cuando son contrarias a hechos objetivos evidentes.

Examinar estos factores no solo ayuda a explicar la popularidad de tales teorías, sino que también puede ofrecer una forma de abordar la propagación de desinformación. ¿Por qué las personas creen en las teorías de conspiración? **1. Necesidad de significado y control:** Uno de los principales impulsores psicológicos que llevan a las personas a las teorías de conspiración es la necesidad innata de encontrar un significado en los eventos y sentir un sentido de control sobre el mundo circundante. En un universo aparentemente caótico, la idea de que haya un diseño oculto o fuerzas oscuras en juego puede ofrecer cierto grado de confort. Incluso si las fuerzas son malignas, la mera idea de que existe un orden oculto puede ser preferible a la idea de un universo sin propósito.

2. Sesgo de confirmación: Las personas tienden naturalmente a buscar, interpretar y recordar la información de manera que confirme sus creencias o hipótesis preexistentes. Las teorías de conspiración prosperan en este entorno, ofreciendo explicaciones que se alinean con las visiones del mundo de quienes las buscan.

3. Sentimiento de especialidad: Creer en una teoría de conspiración puede hacer que las personas sientan que poseen un conocimiento secreto o especial que la "manada" no tiene. Esta sensación de superioridad puede reforzar aún más la creencia y la adhesión a tales teorías. **La necesidad de encontrar un enemigo**

1. Simplificación de la complejidad: El mundo moderno es complejo y a menudo difícil de entender. Atribuir desafíos globales, como crisis económicas o desastres naturales, a un grupo específico o un enemigo proporciona una explicación simplificada. Esto no solo hace que los eventos sean más comprensibles, sino que también ofrece un claro punto de culpabilidad. **2. Cohesión del grupo:** Desde una perspectiva evolutiva, identificar un "enemigo externo" pudo haber fortalecido la cohesión dentro de un grupo. Esto puede ser especialmente cierto en tiempos de incertidumbre o crisis, donde la solidaridad grupal puede ofrecer mayor seguridad. Las teorías de conspiración, al identificar a un enemigo común, pueden servir para fortalecer los lazos dentro de una comunidad.

3. Manejo de la ansiedad y el temor: En un mundo donde las amenazas pueden parecer omnipresentes pero a menudo intangibles (como el cambio climático, las crisis financieras o las pandemias), tener un enemigo tangible y identificable puede ayudar a las personas a enfocar y gestionar mejor sus ansiedades. En resumen, las teorías de conspiración y la necesidad de identificar enemigos están estrechamente relacionadas con las necesidades psicológicas fundamentales de los seres humanos. Estas necesidades, aunque arraigadas en mecanismos de supervivencia evolutiva, pueden manifestarse de maneras que desafían la lógica y la razón en la era moderna. Comprender estos factores puede proporcionar una vía para abordar la desinformación y promover una comprensión más crítica de los eventos mundiales.

El vasto paisaje de la psicología humana, combinado con el entorno en el que vivimos, crea una red compleja de factores que influyen en nuestra tendencia a creer en teorías de conspiración. Si consideramos la historia evolutiva de la humanidad, podemos identificar una serie de elementos psicológicos profundamente arraigados que guían tales creencias. El miedo a lo desconocido ha sido una constante en la historia de la humanidad. Frente a peligros como depredadores o tribus rivales, los seres humanos desarrollaron una tendencia a ser hipervigilantes y buscar patrones. Esta búsqueda de patrones, si bien en otro tiempo tenía la ventaja de protegernos de amenazas reales, ahora puede llevarnos a ver conexiones donde no las hay, impulsando la formación y creencia en teorías de conspiración. Al mismo tiempo, la necesidad de pertenecer a una comunidad ha llevado a los seres humanos a buscar tribus o grupos de pertenencia. En la era moderna, esto puede traducirse en una tendencia a formar grupos en torno a creencias compartidas, incluida la compartición de teorías de conspiración como una forma de fortalecer los lazos comunitarios y definir quién forma parte de "nuestra" tribu y quién está fuera de ella. La deseabilidad cognitiva es otro factor crucial. Las personas tienden a creer en lo que desean que sea cierto, independientemente de las pruebas objetivas. Si una teoría de conspiración se alinea con las aspiraciones, temores o resentimientos de una persona, es más probable que la adopte. Además, en un mundo donde la sobrecarga de información es la norma, muchas personas se sienten abrumadas por un flujo constante de noticias y datos. En tales circunstancias, las teorías de conspiración pueden ofrecer una especie de "atajo cognitivo", proporcionando explicaciones simples y directas para eventos de otro modo complejos. La defensa de la identidad también desempeña un papel.

Las personas son más propensas a creer en teorías de conspiración que protegen o refuerzan su identidad, especialmente si sienten que su identidad está siendo atacada. Por ejemplo, si una persona se identifica fuertemente con un cierto grupo político, podría ser más propensa a creer en teorías de conspiración que desacrediten a los opositores políticos. Finalmente, hay un aspecto de rebeldía contra la autoridad. La desconfianza en las instituciones tradicionales, que podría estar alimentada por eventos reales que erosionan la confianza pública, puede llevar a las personas a buscar explicaciones alternativas a las proporcionadas por fuentes oficiales. Esta desconfianza puede manifestarse como una tendencia a creer que estas instituciones son parte de conspiraciones más amplias. En resumen, la psicología humana y su interacción con el entorno circundante proporcionan un terreno fértil para la proliferación de teorías de conspiración. Y a medida que la sociedad evoluciona y la tecnología cambia la forma en que interactuamos con la información y entre nosotros, es probable que veamos nuevos factores emerger que influyan en esta dinámica.

El interés y la confianza en las teorías de la conspiración no son producto de mentes irracionales o ignorantes, como a veces se sugiere. Son, más bien, el resultado de una compleja combinación de factores psicológicos, sociológicos y evolutivos que han modelado el comportamiento y el pensamiento humano durante milenios. Nuestra predisposición a buscar patrones, nuestra necesidad de pertenecer a comunidades, el deseo de confirmar nuestras creencias preexistentes, la necesidad de simplificar un mundo cada vez más complejo y la tendencia natural a defender nuestra identidad son todas fuerzas profundamente arraigadas que pueden llevarnos hacia teorías de conspiración.

El exceso de información moderno, junto con una creciente desconfianza en las instituciones y fuentes tradicionales de información, ha amplificado aún más estas tendencias. En un mundo donde las noticias falsas o engañosas pueden propagarse como un incendio a través de las redes sociales, muchas personas se encuentran enfrentando un diluvio de información sin las habilidades necesarias para discernir los hechos de la ficción. Esto puede llevar a una mayor inclinación hacia teorías que, aunque no estén respaldadas por pruebas concretas, parecen ofrecer claridad y confirmar las visiones del mundo preexistentes.

Sin embargo, mientras comprendemos los factores subyacentes en la creencia en las teorías de la conspiración, también se vuelve evidente que abordar el fenómeno no es una cuestión sencilla. No se trata solo de educar a las personas con "hechos reales", sino de abordar las necesidades psicológicas y sociales subyacentes que impulsan esas creencias. Solo a través de un enfoque holístico que combine educación, comprensión y empatía, podemos esperar contrarrestar la creciente marea de desinformación y teorías de conspiración en el mundo moderno.

Impacto en la sociedad Desconfianza hacia las instituciones

1. **Erosión de la confianza:** Una de las principales consecuencias de las teorías de la conspiración es la erosión de la confianza en las

instituciones públicas y privadas. Cuando las personas creen que estas entidades están involucradas en actividades secretas o maliciosas, pueden volverse sospechosas de todo lo que representan, desde mensajes oficiales hasta iniciativas propuestas.

2. **Rechazo de la ciencia y la experiencia:** En una era en la que la ciencia y la tecnología desempeñan un papel crucial en la sociedad, la desconfianza hacia las instituciones puede llevar al rechazo del conocimiento y la experiencia profesional. Esto es especialmente evidente en el contexto de las vacunas, el cambio climático y otros asuntos científicos de gran relevancia.

3. **Compromiso de las instituciones democráticas:** La confianza es un pilar de las democracias funcionales. La desconfianza hacia las instituciones, como las agencias electorales o los medios de comunicación, puede socavar la confianza en el propio proceso democrático, lo que lleva a una erosión de la participación cívica y tensiones sociales.

Influencia en las decisiones políticas

1. **Movilización política:** Las teorías de la conspiración pueden servir como catalizadores para la movilización política. Si un grupo de personas cree firmemente que hay una

conspiración en su contra, pueden unirse para combatirla, influyendo directamente en la política a nivel local, nacional o internacional.

2. **Formación de políticas basadas en el miedo:** Las decisiones políticas pueden tomarse en función de teorías de la conspiración en lugar de pruebas concretas o análisis objetivos. Esto puede llevar a políticas ineficaces o perjudiciales que no abordan los verdaderos desafíos de la sociedad.

3. **Polarización:** Las teorías de la conspiración pueden intensificar la polarización política. Cuando grupos opuestos adoptan narrativas diferentes, a menudo incompatibles, sobre cómo funciona el mundo, el terreno común se reduce, lo que dificulta el diálogo constructivo o el compromiso.

Efectos en la sociedad 4. **Impacto en la atención médica:** Las teorías de la conspiración a menudo afectan la confianza en la atención médica, como la creencia de que se ocultan curas o tratamientos para ciertas enfermedades con el fin de beneficiar a las compañías farmacéuticas.

5. **Impacto en la educación:** La idea de un "currículo oculto" o decisiones educativas diseñadas para promover un cierto orden mundial puede socavar la efectividad de la

educación. Los maestros pueden enfrentar acusaciones, y las instituciones educativas pueden ser vistas con sospecha, comprometiendo el valor y la integridad del sistema educativo.

6. **Impacto en las relaciones internacionales:** Las teorías de la conspiración pueden alterar las percepciones de las relaciones internacionales, llevando a políticas exteriores distorsionadas y decisiones basadas en miedos infundados.

7. **Impacto en la industria y las finanzas:** Las ideas de carteles secretos o corporaciones que controlan el flujo global de dinero pueden llevar a regulaciones excesivas o, por el contrario, a una falta de supervisión donde realmente se necesita.

8. **Impacto en la cultura popular:** La cultura popular, incluyendo películas, libros y programas de televisión, a menudo amplifica estas teorías, dándoles una plataforma más amplia. Esto puede resultar en una mayor conciencia y un debate constructivo en algunos casos, pero a menudo sirve para difundir aún más la desinformación.

9. **Impacto en las relaciones interpersonales:** Las teorías de la conspiración pueden crear divisiones en amistades y relaciones familiares cuando una persona cree firmemente en una teoría y la otra no. Estas divisiones pueden extenderse a comunidades enteras, creando

entornos donde la sospecha y la paranoia son la norma en lugar de la excepción.

10.	**Efectos duraderos:** Todos estos efectos, combinados, pueden tener un impacto profundo y duradero en la sociedad, desde la desconfianza generalizada en las instituciones y líderes hasta divisiones comunitarias y relaciones personales tensas. La sombra de las teorías de la conspiración se extiende mucho más allá del simple chisme o teorías de nicho.

El uso y la influencia de las teorías de la conspiración en la sociedad contemporánea no son fenómenos que deban tomarse a la ligera. Estos sistemas de creencias, a menudo arraigados en miedos profundos e incomprensiones, tienen la capacidad única de alterar la percepción de la realidad, erosionar la confianza fundamental que sirve para mantener unida nuestra sociedad y causar repercusiones tangibles a nivel de decisiones individuales y colectivas.

La **desconfianza sistemática hacia las instituciones**, derivada de estas teorías, no es solo una emoción pasajera o un fenómeno aislado. Se trata de una corrosión de la confianza que puede debilitar los mismos cimientos de nuestras sociedades democráticas. Cuando la gente comienza a dudar de las instituciones, ya sean gubernamentales, educativas, de salud o mediáticas, la cohesión social y la estabilidad pueden verse amenazadas. El consenso colectivo, que permite que las sociedades funcionen de manera fluida, se ve comprometido.

Las decisiones políticas influenciadas por las teorías de la conspiración pueden tener efectos de gran alcance, a menudo en direcciones no previstas o no intencionadas. La política basada en el miedo o la sospecha puede llevar a leyes represivas, restricciones de las libertades civiles o políticas exteriores agresivas. Y quizás aún más preocupante, cuando los propios líderes adoptan estas teorías, las decisiones pueden tomarse sin una evaluación crítica o una comprensión real de las implicaciones.

La **interconexión de estas teorías con la cultura popular y los medios de comunicación modernos** ha amplificado aún más su alcance. En una era en la que la información puede compartirse y amplificarse en un instante, la desinformación puede propagarse como un incendio, y las teorías antes marginales pueden convertirse rápidamente en mainstream.

Sin embargo, es esencial comprender que, a pesar del aparente dominio de estas teorías en ciertos entornos, a menudo representan las opiniones y creencias de una minoría vocal. El desafío para las sociedades modernas no es tanto combatir cada teoría individual, sino

**educar a las masas para que piensen de manera
crítica**, evalúen las fuentes de información y
construyan una resiliencia colectiva contra la
desinformación.

En conclusión, el surgimiento y la persistencia de las
teorías de la conspiración representan un desafío
fundamental para la sociedad contemporánea. Abordar
este desafío requerirá **esfuerzos conjuntos de
educadores, líderes, medios de comunicación** y
ciudadanos para asegurar que la verdad y la
confianza prevalezcan sobre la sospecha y la duda. El
tejido de la sociedad depende de nuestra capacidad
para navegar por estas aguas turbulentas con
discernimiento y honestidad.

**8. El papel de la ciencia y la educación • Teorías
de conspiración controvertidas como las
relacionadas con las vacunas. • La importancia
de la educación crítica. El papel de la ciencia y
la educación** La ciencia y la educación siempre han
sido baluartes contra la ignorancia y la superstición. En
un mundo donde la información es abundante pero a
menudo engañosa, su importancia no puede
subestimarse. Sin embargo, a pesar de los avances y
descubrimientos, la ciencia y la educación a menudo
entran en conflicto con las teorías de conspiración.

**Teorías de conspiración controvertidas como
las relacionadas con las vacunas** Un ejemplo

emblemático de este conflicto son las teorías de conspiración relacionadas con las vacunas. La investigación médica ha demostrado repetidamente que las vacunas son seguras y representan uno de los métodos más efectivos para prevenir enfermedades graves. Sin embargo, durante décadas, algunas personas han afirmado que las vacunas causan autismo u otras condiciones médicas, a pesar de la falta de evidencia científica que respalde tales afirmaciones. Estas teorías de conspiración sobre las vacunas no solo ponen en peligro la salud individual, sino que también comprometen la inmunidad colectiva, poniendo en riesgo a comunidades enteras.

La forma en que estas teorías ganan terreno, a pesar de la abrumadora evidencia científica en su contra, es un claro ejemplo de cómo las emociones, la desconfianza y la desinformación pueden superar la lógica y el sentido común. Muchas personas, impulsadas por el miedo o el escepticismo hacia las instituciones, buscan confirmación de sus creencias en lugar de informarse objetivamente.

La importancia de la educación crítica Aquí es donde entra en juego la importancia crucial de la educación crítica. La educación no se trata solo de transmitir información, sino también de enseñar a las personas cómo pensar, no qué pensar. La educación crítica enseña a los individuos a evaluar la información,

a distinguir entre fuentes confiables y no confiables y a
desarrollar un pensamiento lógico y racional.

El método científico, por ejemplo, no es solo un
conjunto de procedimientos, sino también un enfoque
mental. Enseña a hacer preguntas, buscar evidencia y
estar dispuestos a cambiar de opinión a la luz de nueva
información. Este tipo de pensamiento crítico es el
antídoto más efectivo contra las teorías de
conspiración.

Sin embargo, para que la educación crítica sea efectiva,
debe integrarse en todo el plan de estudios, desde la
educación inicial hasta la educación superior. Además,
la educación debe ir más allá del aula. Los medios de
comunicación, los líderes comunitarios y las familias
tienen un papel que desempeñar en fomentar un
pensamiento crítico y racional.

En conclusión, aunque las teorías de conspiración
pueden parecer persuasivas y atractivas, la ciencia y la
educación crítica proporcionan las herramientas para
ver más allá de las ilusiones y identificar la verdad. En
una era de desinformación y desconfianza, promover la
educación y la ciencia es más importante que nunca
para garantizar una sociedad informada y resiliente.

La interacción entre ciencia, educación y teorías de
conspiración está profundamente entrelazada y refleja

la tensión entre el conocimiento y la incredulidad que
ha existido durante siglos. En el pasado, durante el
Renacimiento, por ejemplo, el progreso científico a
menudo se veía con sospecha y se consideraba herejía.
En cierta medida, esto refleja lo que está sucediendo
hoy, donde algunas descubiertas científicas son vistas
con escepticismo o incluso rechazadas por algunas
facciones de la sociedad.

El avance de la tecnología ha permitido un acceso sin
precedentes a la información. Si bien esto tiene sus
ventajas, también ha creado un terreno fértil para la
difusión de información no verificada o engañosa. Las
personas están siendo bombardeadas con información
desde todas direcciones, y cada vez es más difícil
distinguir los hechos de la ficción. En este
maremágnum de información, las teorías de
conspiración prosperan, alimentadas por una
combinación de desconfianza en las instituciones
tradicionales y la tendencia humana a buscar patrones
y conexiones, incluso cuando no existen.

El problema de las vacunas, como se mencionó
anteriormente, es solo la punta del iceberg. Hay
muchas otras áreas donde la ciencia entra en conflicto
con las teorías populares no respaldadas por evidencia.
Tomemos, por ejemplo, las afirmaciones sobre el
cambio climático. A pesar del abrumador consenso
científico que respalda el impacto de la actividad
humana en el cambio climático, todavía existen

individuos y grupos que rechazan estas conclusiones como parte de una agenda oculta.

La educación crítica, como solución a este problema, no se limita solo a la escuela. Es esencial que las personas estén expuestas al pensamiento crítico en cada etapa de sus vidas. Esto implica una formación continua, talleres y programas que desafíen constantemente a los individuos a examinar y cuestionar sus propias creencias.

Las universidades y los institutos de investigación tienen un papel crucial que desempeñar en esto. Deben comprometerse activamente en la divulgación pública, llevando la ciencia a las personas de una manera comprensible y atractiva. Esto puede incluir desde seminarios públicos y conferencias hasta podcasts y videos educativos.

Además, las instituciones científicas deben trabajar en estrecha colaboración con los medios de comunicación para garantizar que la información científica se presente de manera precisa y sin distorsiones. Esta colaboración es vital, ya que los medios desempeñan un papel significativo en la formación de las opiniones públicas.

Pero quizás una de las claves más importantes para combatir la propagación de las teorías de conspiración es crear una cultura en la que el error y el cambio de opinión no se vean como signos de debilidad, sino como parte integral del proceso de aprendizaje y crecimiento. Si las personas no temen admitir que pueden haberse equivocado o cambiar de opinión a la luz de nueva información, pueden ser menos propensas a aferrarse a creencias erróneas incluso cuando se enfrentan a pruebas abrumadoras.

La dialéctica entre ciencia, educación y teorías de conspiración representa uno de los aspectos más interesantes de la era moderna. Es una manifestación tangible de la lucha entre el conocimiento empíricamente validado y la necesidad humana de encontrar significado, orden y, en algunos casos, respuestas simples a cuestiones complejas.

La ciencia, en su esencia, es una búsqueda continua de la verdad. Se basa en el método científico, que fomenta la observación, la experimentación y la revisión entre pares para garantizar la precisión de la información. Sin embargo, debido a esta naturaleza en constante evolución, puede parecer ambigua o incierta para el público en general. Cuando surgen nuevos datos, las teorías científicas pueden adaptarse o modificarse, pero esta flexibilidad a menudo se interpreta erróneamente como incertidumbre en lugar de como un enfoque adaptable para comprender.

Por otro lado, la educación es el medio a través del cual se transmite el conocimiento científico a las masas. Pero la educación, para ser efectiva, no puede limitarse

a una transferencia unidireccional de información.
Debe promover el pensamiento crítico, el análisis y la
capacidad de cuestionar y evaluar la información. La
educación no debe enseñar solo qué pensar, sino cómo
pensar.

Las teorías de conspiración, mientras tanto, ofrecen
explicaciones seductoras y a menudo simplificadas a
problemas complejos. Progresan en la ambigüedad y la
desconfianza, y en el clima actual de saturación
mediática y polarización, encuentran un terreno fértil
para crecer y propagarse.

Por lo tanto, el verdadero antídoto contra las teorías de
conspiración no es solo fortalecer la ciencia o ampliar
la educación, sino más bien cultivar una cultura de
curiosidad, mentalidad abierta y comprensión crítica.
Una sociedad que valora y respeta la investigación
empírica, que enseña a sus miembros a pensar de
manera crítica y que promueve la comprensión y la
aceptación de la evolución del conocimiento es una
sociedad resistente a las trampas de las teorías de
conspiración.

En conclusión, en una época en la que las "fake news" y
la desinformación pueden propagarse rápidamente, es
de vital importancia que la ciencia y la educación estén
en el centro del discurso público. Pero, más
fundamentalmente, debemos cultivar una mentalidad
colectiva que sea curiosa, crítica y siempre dispuesta a

aprender y adaptarse. Solo entonces podemos esperar navegar el complejo paisaje informativo del siglo XXI con claridad y sabiduría.

9. Casos famosos Las **teorías de la conspiración** han tenido un impacto significativo en la percepción pública de eventos históricos conocidos. Dos de los casos más emblemáticos que han generado una gran cantidad de especulaciones y debates son los **ataques del 11 de septiembre de 2001** y el **asesinato del presidente John F. Kennedy**. Estos eventos, debido a su resonancia mundial, han dado lugar a numerosas teorías que, en algunos casos, se han vuelto casi tan populares como las explicaciones oficiales.

Ataques del 11 de septiembre: El **11 de septiembre de 2001**, una serie de **ataques terroristas coordinados por al-Qaeda** golpearon a los Estados Unidos. Cuatro aviones de pasajeros fueron secuestrados por terroristas: dos se estrellaron contra las **Torres Gemelas del World Trade Center** en Nueva York, causando su colapso; un tercero golpeó el **Pentágono** en Arlington, Virginia; y el cuarto, el **Vuelo United Airlines 93**, se estrelló en un campo en Pensilvania después de que los pasajeros intentaran recuperar el avión de los secuestradores.

Casi inmediatamente después de estos ataques, comenzaron a circular **teorías alternativas** sobre lo que realmente había sucedido ese día. Algunas de las teorías sugerían que el **gobierno de los Estados Unidos** estaba involucrado o incluso que los ataques eran un **trabajo interno** para justificar la guerra en el Medio Oriente. Otras teorías se centraban en **presuntas anomalías** en las imágenes de las torres colapsando, sugiriendo el uso de **explosivos controlados**. A pesar de que estas teorías han sido ampliamente desacreditadas por expertos e investigaciones oficiales, continúan persistiendo para algunos.

El asesinato de JFK: El **22 de noviembre de 1963**, el **presidente John F. Kennedy** fue asesinado en Dallas, Texas. **Lee Harvey Oswald** fue arrestado y acusado del asesinato, pero fue asesinado dos días después por **Jack Ruby** antes de poder ser juzgado.

El asesinato de JFK dio lugar a una multitud de **teorías de conspiración**, algunas de las cuales se han convertido en parte de la cultura popular. Estas teorías varían ampliamente, desde la participación de la mafia hasta el gobierno cubano, pasando por la hipótesis de que había más tiradores ese día. La **Comisión Warren**, establecida para investigar el asesinato, concluyó que **Oswald actuó solo**. Sin embargo, muchas personas han cuestionado las conclusiones de la Comisión, argumentando que había inconsistencias en la evidencia o que había un encubrimiento por parte de altos funcionarios del gobierno.

En ambos casos, lo que está claro es que estos eventos traumáticos dejaron un vacío en la comprensión. Este vacío, combinado con la desconfianza en las instituciones y la tendencia natural de los humanos a buscar patrones y significado, llevó al surgimiento y proliferación de teorías alternativas que intentan explicar estos eventos trágicos. Aunque muchas de estas teorías han sido desacreditadas, su mera existencia demuestra la profunda necesidad humana de encontrar orden y comprensión en medio del caos.

La misma naturaleza de las teorías de conspiración tiende a florecer en períodos de incertidumbre o después de eventos de gran envergadura. En este sentido, el **11 de septiembre** y el **asesinato de JFK** representan terrenos fértiles para la especulación, dada la inmensa repercusión emocional y política que tuvieron en la sociedad. Ambos eventos llevaron a una búsqueda frenética de respuestas, a menudo más allá de las proporcionadas por las autoridades.

Después del 11 de septiembre, por ejemplo, surgió un intenso debate sobre la capacidad de un incendio, causado por el impacto de los aviones, para hacer colapsar edificios de acero como las Torres Gemelas.

Muchos partidarios de las teorías de conspiración destacaron videos y testimonios que, según ellos, indicaban explosiones en la base de las torres antes de su colapso. Además, el colapso del **World Trade Center 7**, un edificio cercano a las Torres Gemelas que no fue directamente golpeado por un avión pero que colapsó ese día, fue objeto de muchas especulaciones. Algunos sugieren que su colapso fue debido a una demolición controlada.

En cuanto al asesinato de JFK, las teorías de conspiración no se limitaron a posibles tiradores o sus instigadores. Ha habido especulaciones sobre el papel del FBI y la CIA, sobre las inconsistencias en los informes balísticos y sobre el análisis de la famosa película de **Abraham Zapruder**, que registró el asesinato en tiempo real. Esta última se ha convertido en una de las pruebas más estudiadas en la historia de Estados Unidos, con analistas examinando cada cuadro en busca de pistas. Algunos conspiracionistas argumentan que la trayectoria de las balas que golpearon a Kennedy no coincide con la ubicación desde la cual se cree que Oswald disparó, lo que sugiere la presencia de un segundo tirador en la llamada "colina de hierba".

Otro elemento que alimenta estas teorías es la muerte de testigos clave o personas relacionadas con estos eventos. En el contexto del asesinato de JFK, ha habido muchas muertes prematuras o sospechosas que han alimentado la idea de que había un intento sistemático de encubrir o eliminar a individuos que podrían revelar la "verdad".

Del mismo modo, después del 11 de septiembre, circularon rumores de que algunos ingenieros o profesionales que habían expresado dudas sobre la versión oficial de los eventos habían sido amenazados o habían muerto en circunstancias misteriosas.

Estos eventos, en su complejidad y tragedia, se han convertido en verdaderos símbolos. Su alcance ha trascendido los hechos mismos, convirtiéndose en representaciones de las dudas, los temores y la desconfianza de las personas hacia las instituciones. Y en este ambiente, las teorías de conspiración han encontrado terreno fértil para crecer, prosperar y, en algunos casos, arraigarse profundamente en la psique colectiva.

El Intrincado Laberinto de las Teorías de la Conspiración

El intrincado laberinto de las teorías de la conspiración a menudo se asemeja a una especie de narrativa histórica alternativa, en la cual los detalles conocidos y aceptados son reinterpretados o desafiados, dando lugar a nuevas historias.

El Alunizaje de 1969

Otro caso a menudo citado en el panteón de las conspiraciones es el alunizaje en 1969. Hay quienes afirman que el alunizaje nunca ocurrió y que fue una elaborada puesta en escena realizada por Hollywood por orden del gobierno estadounidense para ganar la "carrera espacial" contra la Unión Soviética. Los argumentos varían desde la falta de estrellas en las fotos tomadas por los astronautas hasta la bandera ondeando en un entorno sin atmósfera, y las extrañas sombras en las fotografías. A pesar de que estos puntos han sido refutados por expertos en varios campos, la teoría todavía tiene muchos seguidores.

El Incidente de Roswell de 1947

El incidente de Roswell en 1947 es otro pilar en el mundo de las teorías de la conspiración. La versión oficial habla de un globo sonda que se estrelló en Roswell, Nuevo México. Sin embargo, las especulaciones de que podría haber sido una nave espacial extraterrestre y que el gobierno de Estados Unidos recuperó cuerpos alienígenas del lugar del accidente han alimentado décadas de teorías. Las posteriores negaciones y revelaciones del gobierno, en lugar de calmar las especulaciones, a menudo las han alimentado, creando un círculo vicioso de desconfianza y sospecha.

La Muerte de la Princesa Diana en 1997

La muerte de la princesa Diana en 1997 también ha dado lugar a una serie de teorías de la conspiración. Mientras que la versión oficial atribuye su muerte a un trágico accidente automovilístico, algunas teorías sugieren que fue un asesinato planeado, tal vez para evitar un próximo matrimonio o debido a posibles revelaciones explosivas sobre la familia real británica.

Es interesante notar cómo muchas teorías de conspiración giran en torno a la percepción de un poder oculto o una entidad supranacional que opera en las sombras. Estas entidades son representadas como grupos omnipotentes y omniscientes, capaces de manipular eventos globales a su antojo. Esta narrativa, que podría parecer el tema de una novela de espionaje o una película de suspenso, resuena en muchas personas, probablemente porque ofrece una explicación simple para cuestiones complejas o eventos traumáticos.

Otras Teorías de la Conspiración

Además de los eventos y misterios discutidos anteriormente, hay numerosos otros eventos históricos

y contemporáneos que han estado envueltos en el velo
de las teorías de la conspiración. Estas teorías a veces
surgen a partir de un pequeño grano de verdad o de
eventos inexplicables que no tienen explicaciones
inmediatas o satisfactorias.

La Muerte de Marilyn Monroe en 1962

La trágica muerte de Marilyn Monroe en 1962,
oficialmente catalogada como un probable suicidio, ha
dado lugar a innumerables teorías. Algunos sostienen
que fue asesinada debido a sus presuntos vínculos con
los hermanos Kennedy y que podría representar una
amenaza al revelar secretos de Estado. Estas
especulaciones se alimentan de elementos como sus
últimas llamadas telefónicas y las circunstancias
misteriosas de su muerte.

La Sociedad Secreta Skull and Bones

Otra teoría de conspiración ampliamente debatida
concierne a la sociedad secreta Skull and Bones, a la
que pertenecen estudiantes seleccionados de la
prestigiosa Universidad de Yale. Se cree que muchos
miembros de esta sociedad han ocupado cargos de gran
poder en Estados Unidos, incluyendo presidentes y
líderes empresariales. Las teorías sugieren que esta
sociedad secreta podría tener una influencia
significativa en la política global y operar tras
bambalinas para promover sus propios intereses.

La Misteriosa Area 51

La misteriosa Area 51, una base militar ubicada en Nevada, ha sido durante mucho tiempo el centro de especulaciones sobre OVNIs y tecnología alienígena. Aunque el gobierno de Estados Unidos ha reconocido la existencia de la base, las actividades específicas siguen siendo altamente clasificadas. Esto ha alimentado teorías que sugieren que en la Area 51 se realizan experimentos con extraterrestres y se estudian tecnologías extraterrestres.

La Desaparición del Vuelo MH370

La tragedia del vuelo MH370 de Malaysia Airlines en 2014, que desapareció mientras estaba en vuelo y aún no ha sido encontrado, también ha dado lugar a múltiples teorías de la conspiración. Estas van desde la idea de que el avión fue derribado intencionalmente o secuestrado hasta la creencia de que fue "raptado" por fuerzas alienígenas. La falta de respuestas definitivas ha alimentado estas especulaciones.

Un tema recurrente en muchas teorías de conspiración es la noción del "poder oculto". Esto implica la idea de que hay individuos o grupos que operan en las sombras, orquestando eventos globales según una agenda oculta. Estos pueden incluir banqueros internacionales, élites globales u organizaciones secretas como los Bilderberg o el Bohemian Grove.

La atracción de estas teorías podría residir en el deseo humano de encontrar respuestas y significado en eventos que parecen caóticos o incomprensibles. En un mundo cada vez más complejo, donde la información a menudo es fragmentaria y abrumadora, estas teorías ofrecen una especie de narrativa alternativa, una forma de conectar los puntos y crear una historia coherente, aunque no siempre basada en hechos verificables.

El Poder de las Narrativas Alternativas

Las teorías de la conspiración, a lo largo de la historia, han sido una forma para los seres humanos de tratar de dar sentido a grandes misterios, coincidencias o eventos inexplicables. Los casos famosos que hemos examinado representan solo una pequeña parte de las numerosas teorías que circulan, pero son emblemáticos de la influencia que estas teorías pueden tener en la opinión pública y en la percepción de los eventos.

Desde el asesinato de JFK, un momento crítico en la historia de Estados Unidos, ha habido debates y investigaciones continuas sobre lo que realmente sucedió en aquel fatídico día en Dallas. El impacto de esta teoría, en particular, ha llevado a una profunda desconfianza hacia el gobierno y ha arrojado sombras de sospecha sobre múltiples entidades, desde organizaciones gubernamentales hasta individuos.

Los ataques del 11 de septiembre, por otro lado, han generado teorías que han sacudido comunidades enteras y naciones. A pesar de las numerosas investigaciones y evidencias que contradicen muchas de estas teorías, su persistencia demuestra cómo los eventos de gran impacto, especialmente cuando están rodeados de complejidad y horror, pueden convertirse en un terreno fértil para la especulación y la desconfianza.

En el contexto de estos eventos y otros menos conocidos, lo que emerge claramente es el poder de las narrativas alternativas. En una era en la que el acceso a la información es más amplio que nunca, la capacidad de discernir entre hechos concretos y especulaciones se vuelve crucial. Las teorías de la conspiración pueden ofrecer consuelo a aquellos que se sienten abrumados o impotentes frente a eventos globales significativos, proporcionando explicaciones simples para problemas complejos o presentando chivos expiatorios convenientes. Sin embargo, también pueden distorsionar la realidad, fomentar el miedo y el odio, y llevar a decisiones basadas en premisas falsas.

Conclusión

En conclusión, aunque las teorías de la conspiración han sido desde siempre una parte inmutable del tejido sociocultural de la humanidad, es esencial abordarlas con un sentido crítico y una mente abierta. Reconocer el poder e influencia de estas teorías, tanto históricas como contemporáneas, nos permite enfrentarlas con

mayor conciencia y discernimiento, salvaguardando así
la verdad y la integridad de nuestra comprensión del
mundo.

10. Teorías de la Conspiración Relacionadas con el Poder Económico

Teorías de la Conspiración Relacionadas con el Poder Económico

La incorporación de familias poderosas y las
instituciones bancarias centrales en el panteón de las
teorías de la conspiración tiene una larga historia.
Individuos y familias con vastos intereses financieros a
menudo son el centro de las especulaciones sobre el
control oculto y la manipulación de la economía
mundial y las políticas globales. Vamos a examinar
algunos de los casos más emblemáticos.

Rothschild, Rockefeller y Otros

Rothschild: Tal vez una de las familias más conocidas y
citadas con frecuencia en el contexto de las teorías de la

conspiración relacionadas con el poder económico sea la de los Rothschild. Originaria de Europa Central, esta familia judía de banqueros se expandió por toda Europa en los siglos XVIII y XIX, estableciendo sucursales bancarias en ciudades principales como Londres, París, Viena y Nápoles. Su influencia financiera y sus préstamos a varios gobiernos europeos los han convertido en el objetivo de numerosas teorías, muchas de las cuales son profundamente antisemitas. Se especula que controlan secretamente las finanzas globales y orquestan eventos mundiales en su beneficio.

Rockefeller: La familia Rockefeller es otro pilar de las teorías de la conspiración relacionadas con el poder económico. Provenientes de Estados Unidos, acumularon su fortuna a través del petróleo, con John D. Rockefeller fundando la Standard Oil, que posteriormente se dividió en varias empresas, muchas de las cuales siguen siendo gigantes en la industria energética hoy en día. Se cree que han influenciado secretamente la política de Estados Unidos y el mundo durante décadas a través de su vasta riqueza y sus fundaciones filantrópicas.

La Reserva Federal

La Reserva Federal (a menudo simplemente llamada "Fed") es el banco central de Estados Unidos y, debido a su importancia en la economía mundial, a menudo está en el centro de las teorías de la conspiración. Fundada en 1913, su papel es supervisar la política monetaria de Estados Unidos, estabilizar los precios y maximizar el empleo.

Sin embargo, su fundación y sus operaciones a menudo han estado envueltas en misterio para el público en general, lo que ha llevado a especulaciones. Una de las teorías más populares sostiene que la Fed no es una parte legítima del gobierno federal, sino más bien una entidad privada gestionada por bancos globales en su propio beneficio. Se dice que a través de la Fed, estos bancos ejercen un control oculto sobre la economía global.

Otras teorías sugieren que la Fed es responsable de crear burbujas económicas y crisis, con el objetivo de consolidar aún más el poder en manos de una élite financiera.

Estas teorías, aunque ampliamente desacreditadas por historiadores y economistas, persisten. En muchos casos, son alimentadas por malentendidos o simplificaciones del sistema financiero y la naturaleza secreta o compleja de las operaciones bancarias. Ser críticos y estar bien informados es fundamental al acercarse a estas teorías, ya que la distorsión de los hechos puede tener repercusiones reales y perjudiciales en la sociedad y la economía.

Análisis de las Teorías de la Conspiración Relacionadas con el Poder Económico

El análisis de las teorías de la conspiración relacionadas con el poder económico requiere explorar la intrincada red de familias, instituciones y eventos históricos que a menudo se utilizan como piezas de un mosaico más amplio. Más allá de Rothschild, Rockefeller y la Reserva Federal, surgen otros temas recurrentes y figuras controvertidas.

Goldman Sachs y los "Grandes Bancos": Goldman Sachs, junto con otros bancos de inversión como JP Morgan y Morgan Stanley, a menudo está en el centro de las teorías de la conspiración. Se argumenta que estos bancos tienen una influencia desproporcionada en Wall Street y en las políticas gubernamentales. Los críticos a menudo señalan el flujo de personal entre Goldman y puestos gubernamentales de alto nivel como prueba de una influencia encubierta.

Las "Siete Hermanas" del Petróleo: A mediados del siglo XX, siete de las mayores compañías petroleras (Exxon, Mobil, Chevron, Gulf Oil, Texaco, BP y Shell) dominaban la industria petrolera mundial. Estas compañías, conocidas como las "Siete Hermanas", a menudo fueron acusadas de manipular precios, política e incluso eventos globales para mantener su control sobre el mercado del petróleo.

Soros y Especuladores Financieros: George Soros, un inversionista multimillonario y filántropo, se ha convertido en un objetivo común en las teorías de la conspiración. Debido a sus apuestas especulativas contra monedas y su apoyo a diversas causas liberales a través de su Fundación Open Society, muchas personas lo acusan de manipular eventos políticos y financieros.

Club Bilderberg: Fundado en 1954, el Club Bilderberg es una conferencia anual que reúne a alrededor de 130-140 invitados, incluyendo líderes políticos, expertos financieros, académicos y periodistas. La naturaleza privada de estas reuniones ha alimentado especulaciones y teorías que afirman que el grupo toma decisiones clave que influyen en la geopolítica mundial en secreto.

Bretton Woods y el Abandono del Patrón Oro: En 1944, representantes de 44 naciones se reunieron en Bretton Woods, New Hampshire, para establecer un nuevo sistema financiero internacional. Este sistema vinculó las monedas al dólar estadounidense, que a su vez estaba vinculado al oro. Sin embargo, en 1971, Estados Unidos abandonó el patrón oro, dando inicio a una era de monedas fiat. Este cambio a menudo se cita en las teorías de la conspiración como un medio para que las élites financieras controlen la economía mundial.

Organizaciones Internacionales: Instituciones como el Fondo Monetario Internacional (FMI) y el Banco Mundial a menudo están en el centro de las teorías de la conspiración. Se argumenta que estas organizaciones imponen políticas económicas a los países en desarrollo, asegurando la supremacía de las élites económicas occidentales.

Economía en las Sombras: Se cree que existe una economía subterránea completa controlada por redes de élites que obtienen ganancias de mercados ilegales, evasión de impuestos y otras actividades clandestinas. Esta "economía en las sombras" sería una de las principales fuentes de poder para estos grupos.

Es esencial destacar que, aunque algunos de estos elementos se basan en hechos históricos o eventos reales, su interpretación o su ubicación en una red más amplia de control global a menudo se basa en especulaciones o distorsiones.

Think Tanks y Grupos de Presión: Think Tanks como el Council on Foreign Relations, la Trilateral Commission y el American Enterprise Institute a menudo están en el centro de las teorías de conspiración económica. Se argumenta que estas organizaciones influyen en las políticas económicas y políticas más allá de sus declaraciones de misión públicas, impulsando un orden mundial dominado por las élites financieras.

Offshore y Paraísos Fiscales: Lugares como las Islas Caimán, Panamá y Suiza son conocidos como refugios para el capital global. La capacidad de transferir grandes sumas de dinero a estas jurisdicciones, a menudo con poca o ninguna tributación, ha sido una obsesión para aquellos que creen que las élites económicas operan fuera del control de los gobiernos nacionales.

Las Monedas Mundiales: En varios momentos de la historia reciente, ha habido propuestas para crear una forma única de moneda global. Aunque estas propuestas nunca despegaron, se han convertido en un tema recurrente en las teorías de conspiración, con la creencia de que una moneda mundial podría dar a las élites económicas un control sin precedentes sobre las finanzas globales.

Adquisiciones de Tierras y Recursos en África: En las últimas décadas, ha habido una significativa adquisición de tierras y recursos en África por parte de entidades extranjeras. Estas "adquisiciones de tierras" han sido criticadas como una nueva forma de colonialismo, con potencias extranjeras que explotan los recursos del continente en beneficio propio.

Acuerdos de Libre Comercio: Acuerdos como el Tratado de Libre Comercio de América del Norte

(TLCAN) o el Acuerdo Transatlántico para el Comercio y la Inversión (TTIP) a menudo están en el centro de las teorías de conspiración. Se argumenta que estos acuerdos están diseñados no solo para beneficiar a las grandes corporaciones, sino también para reducir la soberanía nacional, permitiendo que las élites económicas operen sin restricciones.

Tecnologías Emergentes y Control: Con el auge de las criptomonedas como el Bitcoin, ha habido teorías que sugieren que estas nuevas formas de dinero podrían ser una forma para las élites económicas de eludir el control estatal. De manera similar, la adopción de tecnologías como la inteligencia artificial y la automatización podría verse como un medio para concentrar aún más el poder económico.

La Influencia de las Corporaciones Multinacionales: Empresas como Apple, Amazon y Google se han convertido en potencias globales con recursos financieros que superan a muchos países. Su capacidad para influir en las políticas, los mercados e incluso la cultura ha estado en el centro de muchas teorías de conspiración, sugiriendo que estas empresas podrían tener una agenda oculta para consolidar el poder económico.

En este contexto, es fundamental distinguir entre las legítimas preocupaciones sobre la concentración del poder económico y las teorías de conspiración infundadas. Muchos de los temas mencionados anteriormente tienen bases reales y son objeto de un debate público legítimo, pero su interpretación dentro de una estructura conspirativa puede distorsionar la realidad y oscurecer cuestiones reales.

Mercados y Manipulación: Uno de los aspectos más discutidos de las teorías de conspiración económica concierne a la manipulación de los mercados financieros. Se argumenta que instituciones como la Reserva Federal, junto con otros bancos centrales, manipulan los mercados controlando las fluctuaciones en el mercado de valores, las monedas y las tasas de interés. Estas especulaciones derivan de la percepción de que los bancos centrales tienen un control absoluto sobre el sistema monetario y que, a través de operaciones secretas, pueden causar crisis económicas o períodos de prosperidad a su antojo.

Globalización y Control: El auge de la globalización a menudo se asocia con la expansión del poder de las corporaciones multinacionales y las élites financieras. Esta narrativa sugiere que, aunque la globalización ha traído beneficios económicos a algunos, también ha facilitado la capacidad de las élites para consolidar el poder, a menudo a expensas de los trabajadores y los gobiernos locales. La creación de organizaciones como la Organización Mundial del Comercio (OMC) y el Fondo Monetario Internacional (FMI) a menudo se ve como parte de este proceso, con estas entidades que sirven a los intereses de las grandes corporaciones en lugar de las personas comunes.

Evasión Fiscal y Acumulación de Riqueza: La concentración de la riqueza se ha convertido en una preocupación creciente a nivel global. Las teorías de conspiración han destacado el uso de esquemas fiscales complejos, fondos offshore y estructuras corporativas intrincadas como medios para que las élites económicas evadan impuestos y acumulen riqueza. Estas preocupaciones han sido amplificadas por las revelaciones de documentos como los Papeles de Panamá y los Papeles del Paraíso, que han expuesto cómo los ricos y poderosos pueden aprovechar lagunas legales para proteger su riqueza.

La Especulación de Materias Primas: Algunas teorías sostienen que grandes bancos y fondos de inversión manipulan el precio de las materias primas como el petróleo, el oro y los alimentos. Este control, argumentan, permite a estas entidades beneficiarse tanto de los aumentos como de las caídas de los precios, a menudo a expensas de los consumidores y los productores.

Agendas Ocultas de Conferencias Económicas: Eventos como el Foro Económico Mundial en Davos o las reuniones del Grupo Bilderberg son vistos por algunos como lugares donde las élites económicas planifican secretamente el futuro de la economía mundial. Aunque estos eventos a menudo se presentan como foros de discusión abierta, algunos teóricos de la conspiración sostienen que son el epicentro de las decisiones económicas globales, tomadas lejos del ojo público.

El Auge de las Mega-Corporaciones: La fusión y adquisición de empresas en diversas industrias han llevado a la creación de mega-corporaciones con poderes sin precedentes. Estas entidades, se argumenta, tienen la capacidad de influir en las decisiones políticas, controlar sectores enteros de la economía y manipular la opinión pública a través de los medios de comunicación que poseen.

Finanzas en la Sombra: Las "finanzas en la sombra" se refieren a actividades financieras que ocurren fuera del sistema bancario tradicional, como fondos de cobertura, fondos de capital privado y otros vehículos de inversión. Se argumenta que estas entidades operan fuera de la regulación y el control, permitiendo a las élites económicas explotar el sistema para su propio beneficio.

La complejidad del sistema económico mundial proporciona un terreno fértil para la especulación y la desconfianza. Si bien algunas de estas teorías contienen elementos de verdad, es esencial abordarlas con espíritu crítico, distinguiendo entre preocupaciones legítimas y teorías infundadas.

La Conspiración y la Religión

La religión, con sus raíces profundas en la historia y la cultura humanas, siempre ha desempeñado un papel central en la formación de la identidad colectiva e individual. Ofrece respuestas existenciales y proporciona orientación moral. Pero, como cualquier sistema de creencias poderoso, también puede ser utilizado, o más bien abusado, como medio para manipular a las masas o justificar acciones controvertidas. En este contexto, han surgido a lo largo de los siglos muchas teorías de conspiración que vinculan eventos históricos, figuras religiosas y supuestas agendas secretas.

El Protocolo de los Sabios de Sion: El "Protocolo de los Sabios de Sion" es uno de los ejemplos más infames y duraderos de una teoría de conspiración basada en una falsedad. Publicado por primera vez a principios del siglo XX, el documento pretende revelar un plan secreto de los judíos para conquistar el mundo. A pesar de haber sido desacreditado como una falsificación en la década de 1920, el documento se ha utilizado como justificación para el antisemitismo y como propaganda contra los judíos en varias partes del mundo, incluyendo la Rusia zarista y la Alemania nazi.

El Anticristo y el Fin de los Tiempos: La figura del Anticristo y las profecías relacionadas con el fin de los

tiempos tienen raíces en la teología cristiana.
Tradicionalmente, el Anticristo se ve como una figura
malévola que surgirá al final de los tiempos,
oponiéndose a Cristo y seduciendo a muchas personas
con doctrinas falsas. Esta figura ha sido interpretada y
reinterpretada de muchas maneras a lo largo de la
historia, a menudo asociándola con líderes políticos o
eventos mundiales.

Muchos creyentes ven las profecías bíblicas como
advertencias literales, mientras que otros las
interpretan de manera simbólica. Sin embargo, a lo
largo de la historia, algunas personas o grupos han
explotado estas creencias para promover agendas
particulares, vinculando eventos actuales con las
profecías y argumentando que el fin de los tiempos está
cerca. Esto a menudo ha llevado al pánico,
movimientos milenaristas o comportamientos
destructivos.

En una era en la que la información se difunde
rápidamente y de manera ubicua gracias a los medios
digitales, las teorías de conspiración relacionadas con
la religión pueden tener un impacto significativo en las
percepciones y el comportamiento de las personas.
Aunque la religión puede ofrecer consuelo y
orientación, es fundamental examinar con espíritu
crítico las afirmaciones que intentan vincular dogmas
religiosos con teorías de conspiración. Esto ayuda a

prevenir la escalada del miedo, el odio y la desinformación.

La Conspiración y la Religión, por lo tanto, tienen una historia entrelazada, con la religión que a menudo se utiliza como una herramienta para justificar o promover creencias conspirativas. Es esencial reconocer estas intersecciones, pero también promover un enfoque crítico y reflexivo hacia los dogmas religiosos y las teorías de conspiración.

Las teorías de conspiración relacionadas con la religión son una manifestación de la interacción entre la psicología humana, las creencias profundamente arraigadas y los eventos del mundo real. Las personas buscan respuestas y, cuando las explicaciones convencionales parecen inadecuadas u ocultas, la religión a menudo puede ofrecer un marco familiar y reconfortante.

El Islam y la Conspiración: Tomando el Islam como ejemplo, algunas teorías de conspiración sugieren que existe un plan occidental para socavar o destruir el Islam como religión. Estas ideas están arraigadas en eventos históricos como las Cruzadas o las colonizaciones modernas, y han sido alimentadas por políticas contemporáneas e intervenciones militares en países de mayoría musulmana. Además, la incorrecta e injusta asociación del Islam con el

terrorismo por parte de algunas facciones extremistas
ha llevado a más especulaciones y desconfianza.

**Los Evangélicos y la Teoría de la "Conspiración
Mundial":** En los Estados Unidos, algunos grupos
evangélicos conservadores ven la formación de un
"gobierno mundial" como el preludio al surgimiento
del Anticristo. Instituciones como las Naciones Unidas
o conceptos como el "Nuevo Orden Mundial" a menudo
se interpretan a través de esta lente. Esta visión se ha
visto reforzada por populares series de libros como
"Left Behind", que describe un futuro apocalíptico
basado en interpretaciones literales de profecías
bíblicas.

Mesianismo y Figuras Salvadoras: En muchas
tradiciones religiosas, la expectativa de un mesías o
una figura salvadora es poderosa. Esta expectativa
puede ser fácilmente manipulada o interpretada en
términos de conspiración. Cuando surgen figuras
carismáticas que afirman tener respuestas o soluciones,
pueden ser veneradas como figuras mesiánicas o
demonizadas como impostores o agentes del mal. En
ambos casos, la reacción emocional y la profunda
conexión religiosa pueden alimentar teorías de
conspiración.

Religiones Minoritarias y Sectas: Las religiones minoritarias o sectas a menudo están en el centro de las teorías de conspiración. A veces, esto se debe a prácticas o creencias poco convencionales. En otros casos, puede derivar de episodios reales de comportamientos ilícitos o manipulativos por parte de los líderes. Por ejemplo, la Iglesia de la Cienciología a menudo ha estado en el centro de debates y controversias sobre sus prácticas y sus influencias políticas y sociales.

También es importante señalar cómo las teorías de conspiración religiosas pueden tener orígenes externos. Oponentes o enemigos pueden crear o difundir teorías de conspiración para menospreciar o deslegitimar una fe o grupo religioso en particular.

En conclusión, cuando la religión y la conspiración se entrelazan, la combinación puede ser poderosa y potencialmente peligrosa. Las creencias religiosas tocan el corazón y el alma de las personas, y cuando se mezclan con el miedo, la desconfianza y la desinformación, pueden llevar a divisiones profundas, comportamientos extremos y, en algunos casos, violencia.

Conspiración y Religión: Reflexiones Finales El vínculo entre la conspiración y la religión es complejo, con raíces que se remontan profundamente en la historia de la humanidad. En el centro de esta

interacción se encuentra una necesidad humana
fundamental de comprensión y orden en un mundo
caótico.

1. **Orígenes Históricos:** La historia muestra que
las teorías de conspiración relacionadas con la
religión han estado presentes durante milenios.
Desde el cristianismo primitivo, perseguido en el
Imperio Romano y convencido de la inminente
llegada del fin del mundo, hasta las acusaciones
de brujería en la Edad Media, la religión a
menudo ha proporcionado un terreno fértil para
las teorías de conspiración.

2. **Necesidad de Orden:** La religión responde a
preguntas existenciales fundamentales sobre el
significado, la vida, la muerte y lo divino. Cuando
suceden eventos incomprensibles o trágicos, los
seres humanos buscan respuestas. Si las
respuestas oficiales o lógicamente plausibles son
insatisfactorias, se pueden buscar explicaciones
alternativas. Aquí es donde las teorías de
conspiración y la religión pueden entrelazarse,
ofreciendo una respuesta que, aunque no esté
probada, puede satisfacer tanto la lógica como el
alma.

3. **Impacto Social:** Las teorías de conspiración
relacionadas con la religión pueden tener graves
repercusiones sociales. Pueden alimentar la

intolerancia, la discriminación y, en algunos casos, justificar la violencia. Por ejemplo, el antisemitismo, a menudo disfrazado bajo teorías de conspiración como el Protocolo de los Sabios de Sion, ha tenido consecuencias trágicas en la historia.

4. **Educación y Conocimiento:** Un conocimiento profundo de varias tradiciones religiosas puede ayudar a contrarrestar las teorías de conspiración. Comprender las creencias y prácticas de una fe puede desmitificar y reducir los temores infundados. La educación también puede proporcionar las herramientas críticas necesarias para analizar y refutar teorías de conspiración infundadas.

5. **Papel de las Comunidades Religiosas:** Las comunidades religiosas tienen la responsabilidad de abordar las teorías de conspiración que surgen dentro de ellas. Educar a los fieles, fomentar el diálogo interreligioso y construir puentes con la sociedad en general pueden reducir la atracción de las teorías de conspiración.

En conclusión, aunque las teorías de conspiración relacionadas con la religión son una constante histórica, su forma y su impacto pueden variar. En una era de rápida difusión de la información y creciente polarización, es esencial abordar estas ideas con una

combinación de educación, diálogo y comprensión.
Solo a través de una mayor conciencia y un
compromiso activo podemos esperar reducir la
influencia de tales teorías y construir sociedades más
inclusivas y tolerantes.

Conspiraciones y Cultura Popular: La influencia
de las teorías de conspiración no se limita a las esferas
de la política, la religión o la economía; también ha
penetrado profundamente en la cultura popular.
Películas, música y literatura han reflejado, y a veces
amplificado, las creencias conspiratorias del público,
dándoles una plataforma más amplia y haciéndolas
accesibles a un público más amplio.

1. **Películas:** El cine, con su capacidad para
   involucrar visualmente al espectador, a menudo
   ha puesto de relieve las teorías de conspiración.
   Películas como "JFK" de Oliver Stone han
   planteado dudas sobre las circunstancias del
   asesinato del presidente Kennedy, mientras que
   películas como "El Código Da Vinci" han
   explorado conspiraciones relacionadas con la
   Iglesia y la historia de Cristo. Estas películas no
   solo entretienen, sino que también pueden influir
   en la percepción del público sobre la realidad de
   los eventos históricos.

2. **Música:** La música, especialmente en los
   géneros de rap y hip-hop, a menudo ha abordado

temas de opresión, control gubernamental y conspiraciones. Artistas como Tupac Shakur y Public Enemy han lanzado canciones que hablan de conspiraciones gubernamentales, control de los medios y opresión. Incluso fuera del hip-hop, artistas como Bob Dylan y The Beatles han estado en el centro de teorías de conspiración o han aludido a tales ideas en sus canciones.

3. **Literatura:** La literatura ofrece una plataforma donde las teorías de conspiración pueden ser exploradas en profundidad, ya sea como hechos o como ficción. Libros como "1984" de George Orwell y "La Conjura Contra América" de Philip Roth presentan visiones distópicas basadas en teorías de conspiración. Si bien estos son novelas de ficción, han influido en la percepción de las dinámicas reales de poder y control en la sociedad. Por otro lado, libros como "Echa un Vistazo a un Caballo Pálido" de William Cooper han intentado exponer conspiraciones supuestas, influyendo en generaciones de teóricos de la conspiración.

Esta interacción entre conspiración y cultura popular es de doble filo. Por un lado, puede aumentar la conciencia sobre posibles injusticias e impulsar un escepticismo saludable hacia las narrativas oficiales. Por otro lado, también puede difundir desinformación y perpetuar mitos infundados.

El poder de la cultura popular radica en su capacidad para llegar a las masas, formando o influenciando sus opiniones. Por lo tanto, es fundamental que el público mantenga un enfoque crítico hacia estas representaciones, distinguiendo entre entretenimiento y hechos. Sin embargo, independientemente del grado de verdad de las representaciones conspirativas en la cultura popular, siguen siendo un testimonio de la profunda influencia que tales ideas tienen en el tejido de la sociedad moderna.

En la Era Moderna, la cultura popular ha adquirido un papel cada vez más importante en la formación de la percepción pública de eventos históricos, personajes e ideologías. Este poder para moldear opiniones es especialmente significativo cuando se trata de teorías de conspiración, ya que la representación de tales teorías en los medios de comunicación puede legitimar, difundir o minimizar esas creencias.

Series de televisión: Mientras que las películas tienen el poder de presentar una narración en dos o tres horas, las series de televisión pueden explorar conceptos complejos a lo largo de temporadas, ofreciendo una profundidad que a menudo el cine no puede permitirse. Series como "The X-Files" sentaron las bases para una generación de escépticos, con su famosa frase "I want to believe" convirtiéndose en un mantra para muchos. Esta serie, en particular, exploró numerosas conspiraciones, desde la presencia de extraterrestres hasta la participación del gobierno en secretos inconfesables.

Videojuegos: En el mundo de los videojuegos, títulos como la serie "Assassin's Creed" se han sumergido profundamente en teorías de conspiración, mezclando hechos históricos con ficción para crear tramas envolventes que abarcan miles de años de historia e involucran a sociedades secretas como los Templarios y los Asesinos.

Podcasts y Documentales: Con el auge de lo digital, los podcasts y los documentales se han vuelto cada vez más populares como medios para explorar y discutir teorías de conspiración. Mientras que algunos de estos son puramente especulativos y entretenidos, otros se esfuerzan por ofrecer una investigación profunda, presentando entrevistas, pruebas y análisis críticos.

Moda y Branding: Incluso el mundo de la moda y el branding no es inmune a la influencia de las teorías de conspiración. Los logotipos, símbolos y eslóganes a menudo se inspiran en temas esotéricos o conspirativos para crear un aura de misterio o atraer a un público específico.

Arte e Instalaciones: El arte contemporáneo a menudo refleja las preocupaciones y obsesiones de la sociedad. Instalaciones, performances y obras de arte visual han incorporado temas conspirativos, estimulando el diálogo y planteando preguntas sobre el poder, la verdad y la realidad.

Memes y Cultura en Internet: En una era dominada por las redes sociales, los memes se han convertido en una poderosa forma de comunicación. Los memes relacionados con teorías de conspiración pueden volverse virales en poco tiempo, difundiendo ideas a una velocidad sin precedentes. Sin embargo, esto también puede llevar a una rápida distorsión de la información, dificultando la distinción entre la realidad y la ficción.

La pervasividad de las teorías de conspiración en la cultura popular testifica su resonancia en el imaginario colectivo. Ya sea por simple curiosidad humana, profunda desconfianza en las instituciones o una combinación de ambas, está claro que las conspiraciones continuarán encontrando terreno fértil en la mente del público y, en consecuencia, en el panorama cultural.

La cultura popular, en todas sus facetas, ha demostrado ser no solo un reflejo de las creencias y preocupaciones de la sociedad, sino también una poderosa lente a través de la cual estas ideas pueden amplificarse, distorsionarse o reelaborarse. Cuando se trata de teorías de conspiración y su interacción con la cultura popular, se destaca una relación profundamente entrelazada que va más allá de la simple representación.

En primer lugar, es fundamental reconocer que la forma en que se presentan las teorías de conspiración en los medios de comunicación tiene un impacto directo en su percepción. Una representación positiva o intrigante de una teoría puede legitimarla ante los ojos del público, incluso si carece de bases concretas. Por el contrario, una representación burlona o crítica puede minimizar o ridiculizar la teoría, haciendo menos probable que el público la tome en serio.

Además, con el surgimiento y la expansión de las redes sociales, las barreras entre productores y consumidores de contenido se han desmoronado. Esto ha permitido que cualquier persona contribuya al discurso cultural, dando voz a opiniones y teorías que una vez pudieron haber estado confinadas a los márgenes. Si bien esto ha resultado en una explosión de creatividad y diversidad en el discurso, también ha abierto la puerta a la desinformación y la manipulación.

Otro aspecto crítico es cómo la cultura popular puede ser utilizada como vehículo para normalizar o popularizar ciertas teorías. Por ejemplo, cuando conceptos conspirativos se entrelazan en tramas de películas populares o series de televisión, pueden convertirse en parte de la conciencia colectiva, lo que

hace más difícil que las personas distingan entre
hechos y ficción.

Sin embargo, no todo es negativo. Mientras que la
cultura popular puede, sin duda, amplificar o
distorsionar las teorías de conspiración, también puede
servir como una herramienta educativa. La
representación de tales teorías en un contexto crítico
puede estimular el debate, llevando a las personas a
informarse y buscar la verdad. También puede servir
como una advertencia sobre el peligro de la
desinformación y la importancia de verificar los
hechos.

En conclusión, aunque las teorías de conspiración han
existido durante siglos, su interacción con la cultura
popular moderna las ha vuelto más pervasivas y
poderosas que nunca. En este contexto en constante
evolución, es esencial que el público esté informado,
sea crítico y esté atento al consumir contenido,
reconociendo la diferencia entre entretenimiento y
realidad y comprendiendo la importancia de buscar
fuentes confiables y verificadas. La cultura popular, en
su papel de espejo de la sociedad, nos recuerda que, si
bien puede ser tentador sucumbir al atractivo del
misterio y el secreto, es nuestro deber como
ciudadanos informados buscar la verdad más allá de las
apariencias.

Técnicas de Desacreditación El desacreditamiento, o desmontaje de afirmaciones falsas o engañosas, es una parte esencial en la lucha contra las teorías de conspiración. Las teorías de conspiración, por su naturaleza, se basan en creencias profundas y a menudo emocionales, lo que hace que enfrentarlas sea una tarea difícil pero esencial. A continuación, se presentan algunas técnicas para abordar eficazmente estas teorías.

1. **Escucha Atentamente:** Antes de desafiar una teoría de conspiración, es crucial escuchar y tratar de comprender el punto de vista de quienes creen en ella. Solo al comprender sus preocupaciones y temores podrás abordar eficazmente sus creencias.

2. **Usa Fuentes Credibles:** Las teorías de conspiración prosperan en ausencia de información confiable. Al presentar un contraargumento, es esencial utilizar fuentes creíbles y respetadas. Esto incluye organizaciones académicas, agencias de noticias reconocidas y expertos en el campo en cuestión.

3. **Reconoce el Sesgo de Confirmación:** El sesgo de confirmación ocurre cuando las personas buscan o interpretan información para que confirme sus creencias preexistentes. Es importante señalar este sesgo al discutir teorías

de conspiración, ya que puede ayudar a las personas a reflexionar sobre cómo y por qué llegaron a sus conclusiones.

4. **Usa la Lógica y la Razón:** Muchos argumentos a favor de las teorías de conspiración se basan en falacias lógicas. Identifica estas falacias y presenta alternativas lógicas y racionales.

5. **Proporciona Pruebas en Contrario:** Presentar pruebas directas que contradicen una teoría de conspiración puede ser una forma eficaz de desafiar creencias falsas. Sin embargo, es esencial que estas pruebas sean concretas y fácilmente verificables.

6. **Plantea Preguntas Críticas:** En lugar de presentar directamente un contraargumento, a veces puede ser efectivo plantear preguntas que guíen a la persona a reflexionar críticamente sobre su creencia. Por ejemplo, "¿Cómo sabrías si esta teoría fuera falsa?" o "¿Quién se beneficiaría de esta conspiración y por qué?"

7. **Apela a la Heurística de la Sencillez:** La heurística de la sencillez sugiere que, cuando hay múltiples explicaciones posibles, la más simple (que requiere las suposiciones más pequeñas) tiende a ser la correcta. Explica que, a menudo, las soluciones más simples y directas son más

probables que las tramas conspirativas complejas.

8. **Sé Paciente y Compasivo:** Desafiar las teorías de conspiración puede ser un proceso largo y agotador. Muchas personas están profundamente arraigadas en sus creencias y pueden reaccionar con hostilidad o defensividad. Es importante acercarse a estas discusiones con paciencia y comprensión, reconociendo que cambiar una creencia profunda lleva tiempo y compromiso.

Enfoques Educativos y Relaciones Públicas En la era de la posverdad, la educación desempeña un papel crucial al proporcionar a las personas las herramientas necesarias para navegar en un mar de información a menudo contradictoria. La alfabetización mediática y la formación crítica se vuelven esenciales para discernir la verdad de las mentiras.

Educar sobre la Diferencia entre Hecho y Opinión: Las personas deben ser formadas para reconocer la diferencia entre un hecho, que es algo verificable, y una opinión, que es una creencia personal o una evaluación. Esta distinción, aunque parezca simple, a menudo se difumina en presentaciones persuasivas.

Promover el Pensamiento Científico: La ciencia, en su esencia, es un proceso de investigación. Requiere evidencia, repetibilidad y verificación. Fomentar una mentalidad científica ayuda a las personas a exigir pruebas concretas antes de aceptar una afirmación como verdadera.

Uso de Especialistas en Conferencias y Seminarios: Invitar a especialistas en diferentes campos a dar conferencias y seminarios sobre cómo abordar y desacreditar teorías de conspiración puede ser efectivo. Estos expertos pueden compartir sus experiencias, proporcionar ejemplos concretos y ofrecer consejos prácticos.

El Papel de las Plataformas en Línea: Plataformas como YouTube, Facebook y Twitter se han convertido en lugares clave para la difusión de teorías de conspiración. Sin embargo, estas mismas plataformas también pueden utilizarse para educar al público. Por ejemplo, videos educativos que desafíen las teorías de conspiración o expliquen la lógica y la ciencia detrás de ciertos fenómenos pueden llegar a un amplio público.

Crear Grupos de Discusión: Crear grupos o foros donde las personas puedan discutir abiertamente sus temores o preocupaciones sobre teorías de conspiración específicas puede ser terapéutico. Estos espacios permiten a las personas enfrentar otras perspectivas y someter sus creencias a un escrutinio crítico en un entorno seguro y de apoyo.

Ejemplos Prácticos y Estudios de Caso: A menudo, examinar una teoría de conspiración específica puede proporcionar información sobre cómo se forman y difunden estos mitos. Analizar y desacreditar teorías de conspiración específicas en detalle puede ayudar a las personas a comprender las técnicas generales utilizadas por los teóricos de la conspiración.

Involucramiento de las Escuelas: Integrar la alfabetización mediática y la formación crítica en los planes de estudio escolares puede proporcionar a las nuevas generaciones las herramientas para enfrentar las teorías de conspiración antes de que arraiguen. Esta formación puede incluir ejercicios prácticos, discusiones dirigidas y proyectos de investigación.

Al abordar las teorías de conspiración, es esencial comprender que estos mitos a menudo están arraigados en miedos y preocupaciones profundas. Desafiar estos mitos requiere sensibilidad, comprensión y un enfoque holístico que tenga en cuenta tanto la psicología individual como las dinámicas sociales más amplias.

La Lógica y las Falacias Para comprender y desvelar las teorías de conspiración, es fundamental tener una sólida comprensión de la lógica y las falacias. Muchas

teorías de conspiración se construyen sobre premisas
débiles o conexiones causales no demostradas. Aquí
hay algunos conceptos clave:

Falacia Post Hoc: Esta falacia sugiere que si un
evento (B) sigue a otro evento (A), entonces A debe
haber causado B. Es una trampa común en las teorías
de conspiración, donde las coincidencias temporales se
ven como pruebas de causalidad.

Falacia de la Pendiente Resbaladiza: La idea aquí
es que un evento llevará inevitablemente a otro, a
menudo con resultados negativos. Por ejemplo, la
noción de que una pequeña limitación a la libertad de
expresión llevará a la opresión total de la libertad.

Error de Confirmación: Esto ocurre cuando las
personas buscan e interpretan información de manera
que confirme sus creencias preexistentes, ignorando la
información que las contradice.

Sofisticado Falso Equivalente: Esto sucede cuando
se compara algo que puede parecer similar en la
superficie, pero que en realidad es muy diferente en
sustancia o contexto.

Reconocer Argumentos Anecdóticos: Si bien las
historias personales pueden ser poderosas y
convincentes, no siempre son indicativas de una
tendencia o verdad más amplia. Las teorías de

conspiración a menudo se basan en tales anécdotas en lugar de pruebas concretas.

El Papel de los Sesgos Cognitivos: Cada individuo está sujeto a sesgos cognitivos, distorsiones sistemáticas en la forma en que percibimos e interpretamos el mundo. Por ejemplo, el sesgo de confirmación, donde tendemos a dar más peso a la información que confirma nuestras creencias preexistentes, o el sesgo de disponibilidad, donde tendemos a basar nuestras evaluaciones en información recientemente disponible.

Uso de Metodologías de Investigación Efectivas: Para evaluar adecuadamente una teoría de conspiración, es esencial utilizar metodologías de investigación sólidas. Esto incluye recurrir a fuentes confiables, analizar críticamente la información y tener la capacidad de distinguir entre correlación y causalidad.

Cuestionar la Plausibilidad: Algunas teorías de conspiración requerirían un número increíblemente grande de personas para mantener el "secreto". Preguntarse si es práctico o plausible que tantas personas puedan mantener un secreto a gran escala durante mucho tiempo puede ser una forma efectiva de evaluar la veracidad de una teoría.

Competencia y Pericia: Es esencial reconocer y depender de expertos en sus respectivos campos. Si bien cualquier experto puede cometer errores, un consenso entre expertos en un campo particular es un indicador sólido de la veracidad de una afirmación o teoría.

La Importancia de la Autocrítica: Incluso al desacreditar teorías de conspiración, es vital ser autocrítico y estar abierto a la posibilidad de que las propias interpretaciones o comprensiones puedan estar equivocadas. Esta mentalidad abierta no solo fortalece la propia posición, sino que también fomenta un diálogo constructivo con aquellos que pueden creer en las teorías de conspiración.

Principio de Ockham Una de las guías más útiles para evaluar afirmaciones, especialmente aquellas que parecen complejas o enredadas en intrincadas tramas, es el principio de la navaja de Ockham. Establece que, cuando se presentan múltiples explicaciones posibles para un fenómeno, la explicación más simple (aquella que hace menos suposiciones) suele ser la correcta. Muchas teorías de conspiración son intrincadas y requieren la complicidad de un número increíblemente alto de personas, lo que hace que su lógica sea problemática y poco probable.

Crítica Constructiva vs. Burla Una trampa común en la que muchas personas caen al enfrentar teorías de conspiración es ridiculizarlas. Aunque puede ser tentador, este enfoque rara vez es productivo. La crítica constructiva, basada en hechos y argumentada lógicamente, es más efectiva. Abordar la discusión con respeto y comprensión también puede ayudar a establecer un terreno común y comenzar una discusión constructiva.

La Importancia de la Transparencia y Accesibilidad de la Información En la era digital, hay una sobreabundancia de información. Sin embargo, la calidad de esta información varía considerablemente. Promover la transparencia y la accesibilidad a fuentes de información confiables es crucial. Las bibliotecas, las universidades y las instituciones de investigación pueden desempeñar un papel crucial al ofrecer al público herramientas y recursos para discernir información precisa de noticias falsas o teorías infundadas.

Teoría vs. Hipótesis Es esencial comprender la diferencia entre una teoría y una hipótesis en el contexto científico. Una teoría, en la ciencia, es una idea que ha sido probada y confirmada repetidamente a través de la observación y la experimentación. Una hipótesis, por otro lado, es una idea aún no probada o verificada. Muchas conspiraciones se presentan como "teorías", pero en realidad no han pasado el riguroso examen y las pruebas para ser clasificadas como tales en el contexto científico.

La Importancia de la Literatura Revisada por Expertos Otra herramienta esencial para desacreditar teorías de conspiración es la literatura revisada por expertos. Estos son estudios e investigaciones que han sido revisados y evaluados críticamente por expertos en el campo relevante antes de su publicación. Si una teoría de conspiración no está respaldada por evidencia revisada por expertos, es probable que carezca de fundamento científico.

La Mente Humana y la Búsqueda de Patrones
Nuestra capacidad para reconocer patrones es una de las razones por las que los Homo sapiens han tenido tanto éxito como especie. Sin embargo, esta misma capacidad a veces puede llevarnos a ver conexiones y patrones donde no existen, un fenómeno conocido como pareidolia. Esta predisposición puede explicar por qué algunas personas tienden a ver conspiraciones ocultas, alimentando así su creencia en teorías de conspiración.

Conclusión sobre las Técnicas de Desacreditación Las teorías de conspiración, con sus narrativas fascinantes y tramas aparentemente intrincadas, tienen un innegable atractivo y pueden influir significativamente en la opinión pública. Por esta razón, es de vital importancia poseer las herramientas adecuadas para evaluar estas afirmaciones y distinguirlas de realidades sólidas y bien fundamentadas.

1. **Enfoque Racional:** En el centro de cada
   esfuerzo de desacreditación se encuentra la
   racionalidad. El principio de la navaja de
   Ockham, que sugiere adoptar la explicación más
   simple, es una guía fundamental. En la práctica,
   muchas teorías de conspiración requerirían una
   vasta red de personas que mantienen un secreto
   perfecto, lo cual es altamente improbable.

2. **Comunicación Respetuosa:** Un enfoque
   respetuoso y empático ayuda a establecer un
   diálogo abierto. Ridiculizar o menospreciar las
   creencias de los demás tiende a reforzar esas
   creencias, mientras que un enfoque constructivo
   puede llevar a la reflexión y la reconsideración.

3. **Transparencia de la Información:**
   Asegurarse de que fuentes precisas y
   transparentes estén disponibles y sean fácilmente
   accesibles puede marcar una gran diferencia. La
   desinformación prospera cuando las personas no
   saben dónde encontrar respuestas confiables.

4. **Comprensión del Lenguaje Científico:**
   Comprender la diferencia entre términos como
   "teoría" y "hipótesis" puede ayudar a prevenir
   malentendidos. Muchos utilizan incorrectamente
   el término "teoría," otorgándole un peso que no
   merece.

5. **Importancia de la Investigación Revisada por Expertos:** La investigación que ha sido revisada y aceptada por expertos en el campo tiene una credibilidad que supera con creces la de las publicaciones en blogs o videos virales. Asegurarse de que las afirmaciones estén respaldadas por evidencia revisada por expertos es esencial para evaluar su validez.

6. **Reconocimiento de la Predisposición Humana:** Nuestra evolución nos ha dotado de un cerebro que busca patrones y conexiones. Esto puede ser beneficioso en muchas situaciones, pero también puede desviarnos del camino correcto. Reconocer esta predisposición puede ayudar a cuestionar las conclusiones inmediatas y buscar más pruebas.

En resumen, aunque las teorías de conspiración pueden parecer atractivas y a veces incluso aterradoras, poseer las herramientas y el conocimiento para evaluarlas críticamente es esencial. La comprensión, la racionalidad y un enfoque basado en la evidencia son nuestras mejores defensas contra la desinformación. En un mundo donde las noticias falsas pueden propagarse rápidamente, cada uno de nosotros tiene la responsabilidad de buscar la verdad, cuestionar las narrativas y promover la comprensión basada en hechos sólidos.

Cospiraciones y Política La política, con su naturaleza a menudo turbia y sus innumerables actores, es un terreno fértil para las teorías de conspiración. Estas narrativas conspirativas pueden variar desde especulaciones inofensivas hasta graves distorsiones que influyen en la opinión pública e incluso en las decisiones políticas.

Teorías Relacionadas con Elecciones y Poder Las elecciones, en particular, son eventos que generan un gran interés público y pueden tener profundas repercusiones en la dirección de una nación. Aquí hay algunas de las teorías de conspiración más comunes relacionadas con las elecciones:

1. **Fraude Electoral:** Esta es quizás la teoría de conspiración más común cuando se habla de elecciones. La idea es que ha habido intentos organizados para alterar el conteo de votos, manipular las máquinas de votación o intimidar a ciertos segmentos del electorado.

2. **Financiamiento Oculto:** La idea de que los políticos reciben financiamiento secreto de poderosas entidades (corporaciones, gobiernos extranjeros, oligarcas) para influir en sus políticas y decisiones es un tema recurrente.

3. **"Marionetas" Políticas:** Algunas teorías sostienen que ciertos candidatos políticos son simplemente "marionetas" controladas por

poderes ocultos con el objetivo de llevar a cabo una agenda conspirativa.

Manipulación de la Opinión Pública La capacidad de influir en la opinión pública es poderosa y tiene enormes implicaciones políticas. Algunas teorías conspirativas sobre la manipulación incluyen:

1. **Control de los Medios de Comunicación:** La idea de que los principales medios de comunicación están controlados por un pequeño grupo de poderosos que los utilizan para moldear la opinión pública según sus deseos.

2. **Desinformación y "Fake News":** Con la llegada de las redes sociales, la difusión de noticias falsas o engañosas se ha vuelto cada vez más común. Muchos creen que hay esfuerzos organizados para difundir desinformación con el fin de influir en las elecciones u otras decisiones políticas.

3. **Agentes Extranjeros:** La idea de que potencias extranjeras (como otros gobiernos o entidades internacionales) interfieren en las políticas internas, especialmente a través de la propaganda o la ciberguerra, es una preocupación creciente.

La intersección entre conspiraciones y política es una fusión tan intrincada como histórica. La política, a menudo dominada por dinámicas de poder e intereses ocultos, siempre ha proporcionado una base fértil para sospechas y teorías alternativas. Mientras que algunas conspiraciones tienen raíces históricas, otras son productos de la era moderna, alimentadas por la velocidad y el alcance de la comunicación digital.

Instrumentalización de las Conspiraciones en la Política Con el tiempo, muchos líderes y facciones políticas han utilizado teorías de conspiración como herramientas para promover sus propias agendas o difamar a sus adversarios. Acusar a los oponentes de conspiraciones o de formar parte de agendas ocultas puede ser una forma efectiva de sembrar dudas entre los votantes y socavar la confianza en la oposición. Esta táctica también puede utilizarse para desviar la atención de problemas reales o escándalos.

Conspiraciones como Cortina de Humo La propia naturaleza de la política, donde las decisiones pueden tener repercusiones que afectan a naciones o regiones enteras, significa que hay mucho en juego. En ocasiones, las teorías de conspiración pueden ser distracciones deliberadas, cortinas de humo creadas para desviar la atención de cuestiones más graves o acciones gubernamentales controvertidas. Del mismo modo, las conspiraciones pueden utilizarse para sembrar confusión o suprimir información verídica.

Conspiraciones Globales y Geopolítica Además de las teorías internas, muchas conspiraciones se centran en eventos geopolíticos. Acusaciones de interferencias en elecciones, espionaje industrial o planes secretos entre naciones son temas comunes. La percepción de élites globales poderosas que trabajan detrás de bambalinas para controlar eventos mundiales es una constante en las narrativas conspirativas.

El Riesgo de las Cámaras de Eco La era digital ha amplificado la difusión de las teorías de conspiración. Plataformas como Facebook, Twitter y YouTube han creado lo que a menudo se llama una "cámara de eco", donde las personas están principalmente expuestas a información que refuerza sus creencias preexistentes, reduciendo la exposición a puntos de vista contrapuestos. Este fenómeno ha contribuido a polarizar aún más las opiniones políticas y fortalecer las creencias conspirativas.

El Dilema de la Transparencia Aunque la transparencia se considera uno de los pilares de un gobierno democrático, hay momentos en los que la confidencialidad es necesaria por razones de seguridad nacional o diplomacia. Este equilibrio entre transparencia y secreto puede alimentar teorías conspirativas, con personas que sospechan que hay más de lo que se muestra al público.

Finalmente, es fundamental reconocer que aunque muchas teorías de conspiración son infundadas, hay momentos en los que realmente existen conspiraciones y engaños en juego. Esta realidad complica aún más la capacidad de discernir la verdad de la ficción en el contexto político.

El Ámbito de las Conspiraciones Políticas Las conspiraciones políticas no se limitan a las cámaras de eco o a las manipulaciones evidentes; se ramifican en una miríada de subtemas y facetas. Tomemos, por ejemplo, la historia.

Era Pre-Digital: Conspiraciones en el Siglo Pasado Antes de la llegada de Internet, las conspiraciones se difundían principalmente a través de panfletos, radio, libros y boca a boca. Esto dio lugar a leyendas como la del "Nuevo Orden Mundial" o teorías sobre grupos secretos como los "Bilderberg". Algunas teorías de conspiración, como la relacionada con el asesinato de JFK, ganaron enorme popularidad y se convirtieron en temas de debate público.

Dinámicas Transnacionales Algunas teorías conspirativas trascienden las fronteras nacionales y adquieren una dimensión internacional. Por ejemplo, la percepción de que hay "hilos" que conectan a élites poderosas en diferentes países, orquestando eventos globales como guerras, crisis económicas o incluso pandemias.

Sistema Electoral y Conspiraciones En muchos países, las elecciones a menudo son el centro de numerosas teorías conspirativas. Acusaciones de fraude electoral, interferencias externas y manipulación de resultados son temas comunes en cada ciclo electoral. Estas percepciones pueden tener profundas repercusiones en la legitimidad de los gobiernos y en la confianza de las personas en el proceso democrático.

Conspiraciones como Instrumento de Control
No debemos olvidar cómo algunas teorías conspirativas han sido y son utilizadas por regímenes autoritarios como instrumentos de control. Al crear un enemigo imaginario o exagerar una amenaza externa, estos regímenes pueden justificar acciones represivas, limitaciones de las libertades civiles y la persecución de grupos minoritarios.

La Cuestión de los Medios de Comunicación
Aunque las redes sociales suelen ser acusadas de amplificar las teorías de conspiración, no debemos olvidar el papel de los medios de comunicación tradicionales. Ha habido casos en los que las emisoras de televisión, los periódicos o la radio han promovido o dado espacio a teorías conspirativas, contribuyendo a su legitimación y difusión.

El Aspecto Psicológico y Social Desde el punto de vista psicológico, las teorías de conspiración a menudo ofrecen una explicación simple para eventos complejos o traumáticos. Además, creer en una conspiración puede hacer que las personas se sientan parte de un grupo exclusivo que posee una "verdad oculta". Esta dinámica puede fortalecer la cohesión comunitaria, pero también puede alimentar divisiones y hostilidades hacia quienes están "fuera" de ese círculo.

Economía y Poder Además de las dimensiones políticas y sociales, la economía desempeña un papel crucial en las conspiraciones. La percepción de que hay élites económicas poderosas que controlan el destino de los países o de toda la economía mundial es un tema recurrente. Esto se relaciona con conspiraciones relacionadas con bancos centrales, conglomerados multinacionales y destacadas figuras financieras.

En última instancia, la intersección entre conspiraciones y política es un tema amplio y complejo que refleja las ansiedades, los miedos y las tensiones de la sociedad en cada período histórico.

El Peligro de la Desinformación En la era digital, la información se propaga a la velocidad de la luz. Las redes sociales, las plataformas de transmisión, los blogs y otros medios de comunicación han hecho que el conocimiento sea más accesible que nunca. Sin embargo, junto con la expansión de estos medios, ha habido un aumento en la desinformación o "fake news". Su presencia en nuestra sociedad moderna representa un grave peligro, no solo para la información precisa, sino también para la estabilidad y la cohesión de comunidades y naciones.

El Impacto de las Fake News

1. **Erosión de la Confianza:** Las noticias falsas pueden erosionar rápidamente la confianza en las instituciones, los medios de comunicación, la ciencia y los líderes. Cuando las personas no saben en qué o en quién confiar, pueden volverse cínicas, apáticas o, peor aún, vulnerables a más desinformación.

2. **Manipulación de la Opinión Pública:** Grupos con agendas específicas pueden utilizar las fake news para manipular la opinión pública, influyendo así en elecciones, referendos y otras decisiones políticas.

3. **Polarización Social:** La información falsa tiende a crear o reforzar burbujas informativas, donde las personas están expuestas solo a información que refuerza sus creencias preexistentes, creando división y hostilidad entre diferentes grupos.

4. **Riesgos para la Salud Pública:** En el contexto de una crisis sanitaria, como la pandemia de COVID-19, las fake news relacionadas con tratamientos, vacunas o

medidas de seguridad pueden tener consecuencias fatales.

Consecuencias Reales de Teorías Infundadas

1. **Acciones Violentas:** Ha habido una serie de incidentes violentos desencadenados por teorías de conspiración infundadas. Por ejemplo, el teórico de la conspiración detrás de "Pizzagate" llevó a un hombre armado a un restaurante en Washington, D.C., creyendo en una teoría sin fundamento sobre una presunta red de pedofilia.

2. **Decisiones Políticas Erróneas:** Las teorías infundadas pueden influir en las decisiones políticas, llevando a políticas públicas ineficaces o perjudiciales.

3. **Boicots y Daños Económicos:** Empresas e individuos pueden sufrir daños económicos debido a información falsa o teorías conspirativas. Por ejemplo, empresas inocentes pueden ser boicoteadas debido a acusaciones falsas.

4. **Deterioro de las Relaciones Internacionales:** Las fake news también pueden influir en la diplomacia y las relaciones entre naciones. Acusaciones falsas o teorías pueden crear tensiones o conflictos entre países.

Las Fake News y su Impacto Social La proliferación de las fake news también tiene un profundo impacto en el tejido social. La erosión de la confianza en instituciones tradicionales como los medios de comunicación, las organizaciones científicas y las autoridades gubernamentales ha sido en parte alimentada por campañas de desinformación dirigidas. Cuando las personas comienzan a dudar de las fuentes tradicionalmente confiables, se vuelven más vulnerables a narrativas alternativas, incluso si son infundadas.

Un ejemplo tangible de este fenómeno es la difusión de teorías de conspiración relacionadas con la salud. Información errónea sobre las causas de las enfermedades, los tratamientos y, más recientemente, las vacunas, ha tenido consecuencias directas en la salud pública. Los brotes de sarampión, por ejemplo, han aumentado en varias partes del mundo debido a temores infundados sobre las vacunas, alimentados por información falsa amplificada a través de las redes sociales.

Pero no solo la salud física está en juego. El ámbito político también ha sido profundamente influenciado por la desinformación. Narrativas falsas sobre procesos electorales, candidatos y cuestiones políticas han distorsionado el debate público, polarizando aún más a las sociedades y socavando la confianza en el proceso democrático.

A nivel global, la desinformación se ha convertido en una herramienta de poder suave. Algunos gobiernos y organizaciones han creado departamentos enteros dedicados a la guerra de la información, tratando de influir en la opinión pública tanto a nivel nacional como internacional. Esta forma de conflicto no armado puede tener un impacto duradero en las relaciones internacionales y en la percepción global de una nación o evento.

El Papel de la Tecnología y los Desafíos La industria tecnológica se encuentra en una posición única y complicada. Por un lado, las plataformas de redes sociales a menudo son criticadas por no hacer lo suficiente para combatir la propagación de información falsa. Por otro lado, cuando toman medidas para limitar o eliminar contenido engañoso, a menudo son acusadas de censura o parcialidad política.

Además, la línea entre lo que se considera información falsa y lo que es simplemente una opinión o una visión alternativa de la realidad puede ser sutil y subjetiva. Esto hace que sea aún más difícil para las plataformas tecnológicas establecer políticas claras y coherentes sobre la moderación del contenido.

Una complicación adicional es la naturaleza en constante evolución de las tácticas de desinformación. A medida que se desarrollan nuevas herramientas para identificar y combatir la desinformación, aquellos que difunden información falsa desarrollan nuevos métodos para eludir estas medidas. Esta carrera armamentista digital representa un desafío continuo para aquellos que buscan proteger la integridad de la información.

Base de Toda Esta Problemática: La Crisis de Confianza En la base de todo esto yace una profunda crisis de confianza. En un mundo donde la verdad parece cada vez más fluida y subjetiva, muchas personas se sienten perdidas y desorientadas. Esto puede llevar a un sentido de alienación y cinismo, donde cada información se mira con sospecha, y donde las narrativas simples y reconfortantes, incluso si son manifiestamente falsas, pueden encontrar un terreno fértil.

El Fenómeno de la Desinformación y las Noticias Falsas El fenómeno de la desinformación y las noticias falsas no es solo un desafío técnico o mediático; representa una amenaza fundamental para la estructura misma de nuestras sociedades democráticas. La omnipresencia de la desinformación, potenciada y amplificada por la era digital, ha generado una serie de implicaciones y consecuencias de gran alcance. En primer lugar, la confianza es una piedra angular de cualquier sociedad funcional y es esencial para el buen funcionamiento de las instituciones democráticas. Cuando las personas ya no pueden confiar en las fuentes de información o en las instituciones que tradicionalmente han proporcionado orientación y verdad, emerge una fragilidad sistémica. Sin una confianza básica, la cohesión social puede comenzar a desmoronarse, dando lugar a divisiones, polarización y, en última instancia, a la inestabilidad. Además, la desinformación alimenta y amplifica la polarización política. Cuando grupos diferentes solo están expuestos a información que refuerza sus creencias preexistentes y ven las opiniones opuestas no solo como incorrectas, sino también como amenazas o incluso como mentiras dañinas, se vuelve casi imposible encontrar un terreno común o promover un diálogo constructivo. Este clima de desinformación y desconfianza también tiene repercusiones tangibles. Por ejemplo, las decisiones relacionadas con la salud pública, como la reciente resistencia a las vacunas, se ven directamente influenciadas por la difusión de información errónea. Estas decisiones pueden tener consecuencias mortales, no solo para aquellos que eligen no vacunarse, sino también para las comunidades circundantes. A nivel geopolítico, la desinformación se ha convertido en un arma. Los estados y actores no estatales utilizan la desinformación como una herramienta para desestabilizar a sus enemigos, influir en las elecciones, socavar la confianza en las instituciones y promover sus propias agendas. Frente a estos desafíos, es esencial reconocer la importancia de la educación mediática y crítica. La población debe estar equipada con las habilidades necesarias para distinguir entre información confiable y engañosa. Las plataformas de redes sociales y los motores de búsqueda tienen la responsabilidad de desarrollar mecanismos más efectivos para identificar y combatir la desinformación. Pero además de estos esfuerzos tecnológicos, existe una necesidad fundamental de reconstruir la confianza en las instituciones y promover un diálogo abierto y honesto en el ámbito público. En conclusión, si bien la desinformación no es un fenómeno nuevo, la actual ola de desinformación impulsada por lo digital representa un desafío sin precedentes para las sociedades modernas. Su omnipresencia y profundas ramificaciones requieren un enfoque multifacético respaldado por individuos, instituciones, gobiernos y plataformas tecnológicas para garantizar la veracidad, la transparencia y, sobre todo, la confianza en nuestro ecosistema informativo.

Estudio de Caso: Pandemia y Teorías de la Conspiración Cuando la pandemia de COVID-19 golpeó al mundo en 2019 y 2020, creó un terreno fértil para una multitud de teorías de la conspiración. Este entorno incierto, combinado con el miedo y la falta de comprensión inicial del virus, hizo que las personas fueran particularmente vulnerables a la información falsa.

Teorías sobre el COVID-19:

1. **Origen del Virus:** Una de las teorías de conspiración más persistentes fue que el virus fue creado deliberadamente o liberado desde un

laboratorio. Aunque estudios exhaustivos han indicado que el origen del virus es muy probablemente natural y vinculado a los murciélagos, el debate sobre el origen exacto continúa.

2. **5G y COVID-19:** Hubo una teoría ampliamente difundida pero infundada que sostenía que las torres 5G estaban propagando el virus o empeorando los síntomas del COVID-19. Esta teoría llevó a la destrucción de varias torres 5G en varios países.

3. **Vacunas:** Con el desarrollo de las vacunas COVID-19, surgieron teorías que sugerían que las vacunas contenían microchips para rastrear a la población o causaban efectos secundarios graves y ocultos. A pesar de la amplia evidencia clínica sobre la seguridad y eficacia de las vacunas, estas teorías obstaculizaron los esfuerzos de vacunación en muchas regiones.

Impacto en la Salud Pública:

1. **Rechazo de las Vacunas:** Debido a la información falsa sobre las vacunas, muchas personas optaron por no vacunarse, obstaculizando los esfuerzos globales para lograr la inmunidad colectiva y prolongando la duración de la pandemia.

2. **Ignorar Medidas de Precaución:** Teorías que minimizaban la gravedad del virus o promovían falsas curas llevaron a algunas personas a ignorar las pautas de salud pública, como el uso de mascarillas, el distanciamiento social y las medidas de higiene. Esto resultó en brotes y un aumento en el número de casos en muchas áreas.

3. **Presión sobre las Instalaciones de Salud:** La desconfianza en la información oficial y la adopción de tratamientos no probados a menudo llevaron a una sobrecarga de los servicios de salud, con pacientes buscando tratamientos inapropiados o evitando el tratamiento hasta que su condición se volvía crítica.

La pandemia de COVID-19, con su alcance global y sus repercusiones en todos los aspectos de la vida cotidiana, planteó preguntas y preocupaciones en muchas personas, creando un terreno fértil para las teorías de la conspiración. La complejidad de la pandemia, combinada con la amplia gama de reacciones por parte de gobiernos e instituciones, hizo que algunas personas fueran suspicaces y buscaran "verdades ocultas".

Desinformación y Plataformas Digitales:

Aunque las teorías de la conspiración han existido por mucho tiempo, su difusión se ha acelerado gracias a las plataformas digitales. La personalización de los feeds de noticias, basada en algoritmos, a menudo creaba cámaras de eco donde los usuarios estaban expuestos a información que reforzaba sus creencias existentes, independientemente de su veracidad. Esta cámara de eco amplificó aún más las teorías de la conspiración, haciéndolas visibles para millones en poco tiempo.

Impacto Económico: También hubo una cantidad significativa de especulaciones y teorías de la conspiración sobre los impactos económicos de la pandemia. Algunos sugirieron que ciertos países o empresas permitieron deliberadamente que el virus se propagara para obtener beneficios económicos. Otros especularon que toda la pandemia era un plan orquestado por élites globales para consolidar el poder económico y controlar a las masas a través de mecanismos como el rastreo y el confinamiento.

Manipulación de Datos: Otro tema popular entre los conspiracionistas se refería a la manipulación de datos relacionados con el COVID-19. Aunque la mayoría de las organizaciones de salud global y centros de investigación trabajaron incansablemente para proporcionar datos precisos, hubo momentos en los que los datos se corrigieron o actualizaron debido a nueva información o errores no intencionales. Estos ajustes, aunque normales en el mundo científico, fueron interpretados por algunos como prueba de una conspiración para engañar al público.

Medicamentos y Tratamientos: La carrera por encontrar tratamientos eficaces y una vacuna también llevó a la difusión de muchas teorías. Algunos afirmaban que remedios caseros o medicamentos existentes podían curar o prevenir el virus, a menudo basándose en anécdotas o investigaciones preliminares. Cuando las organizaciones de salud desaconsejaron el uso de tales tratamientos debido a la falta de evidencia, algunos vieron esto como un intento de suprimir una "cura" en favor de soluciones más costosas o lucrativas.

Organizaciones Internacionales: Organizaciones como la Organización Mundial de la Salud (OMS) estuvieron en el centro de muchas teorías de la conspiración. Su interacción con gobiernos nacionales, recomendaciones en constante evolución basadas en investigación emergente y decisiones críticas tomadas durante la pandemia fueron examinadas y, en algunos casos, interpretadas como parte de agendas ocultas.

Estos son solo algunos de los numerosos hilos de teorías de la conspiración relacionadas con la pandemia de COVID-19. El entorno de incertidumbre y miedo hizo que muchas personas fueran más receptivas a explicaciones alternativas, a menudo en detrimento de la comprensión y la acción informada.

Reacciones del Público: Una cosa particularmente interesante a destacar durante la pandemia de COVID-

19 fue la variedad de reacciones del público a las teorías de la conspiración. Mientras que muchas personas abrazaron estas teorías como explicaciones alternativas a las proporcionadas por los medios de comunicación convencionales y las autoridades de salud, muchas otras rechazaron estas ideas como infundadas y potencialmente peligrosas. Este desfase en la percepción a menudo siguió líneas políticas, culturales o regionales, con algunos grupos más inclinados a creer en teorías de la conspiración que otros.

Influencers y Celebridades: Algunas figuras públicas, incluidas celebridades, influenciadores de las redes sociales e incluso políticos, desempeñaron un papel en la difusión o el respaldo de teorías de la conspiración relacionadas con el COVID-19. Sus plataformas permitieron que estas teorías llegaran a un público mucho más amplio y, en algunos casos, ganaran legitimidad a los ojos de muchos.

Bioingeniería y Origen del Virus: Una de las teorías más persistentes se centró en el origen del virus. Algunos sugirieron que el virus no era de origen natural, sino el resultado de un experimento de bioingeniería que salió mal, o incluso que fue liberado intencionalmente como arma biológica. Estas afirmaciones, a menudo basadas en interpretaciones erróneas o engañosas de datos científicos, generaron preocupaciones y temores en muchas personas.

Desafíos Tecnológicos: La pandemia de COVID-19 llegó en un momento en que la tecnología desempeña un papel central en nuestras vidas. Las aplicaciones de rastreo de contactos, las discusiones sobre privacidad y vigilancia, y la dependencia de las plataformas en línea para las noticias y la información contribuyeron al clima de desconfianza. Estos desafíos tecnológicos ofrecieron nuevas oportunidades para la difusión de teorías de la conspiración, pero también plantearon preguntas legítimas sobre el papel de las grandes empresas tecnológicas en la moderación y gestión de la información.

Repercusiones contra la Comunidad Científica: A medida que la comunidad científica internacional se unía para buscar respuestas y soluciones a la pandemia, también hubo una cantidad significativa de desconfianza y escepticismo por parte de algunos. Esta reacción se manifestó de diversas formas, desde el rechazo de los consejos científicos hasta la desconfianza en las empresas farmacéuticas, pasando por la oposición a los confinamientos y otras medidas de seguridad sanitaria.

Narrativas Globales: El alcance global de la pandemia también dio lugar a una variedad de narrativas e interpretaciones a nivel internacional. Mientras que algunos vieron la crisis como una prueba de la interdependencia global y la necesidad de cooperación internacional, otros la interpretaron como una señal de la ineficacia de las instituciones globales o como una oportunidad para promover agendas nacionalistas.

Todas estas facetas de la pandemia de COVID-19 y las teorías de la conspiración asociadas a ella subrayan la complejidad de la situación y la necesidad de un pensamiento crítico y un análisis preciso en la era de la información.

Herramientas de Desinformación: La era digital ha proporcionado una miríada de herramientas que pueden utilizarse para difundir desinformación. Videos manipulados, imágenes retocadas y publicaciones diseñadas para parecer fuentes auténticas han inundado las plataformas de redes sociales. Esta sobreabundancia de "pruebas" aparentemente auténticas ha dificultado mucho más que el usuario promedio distinga entre lo real y lo falso.

Teoría del Laboratorio de Wuhan: Una de las teorías más extendidas se refiere al origen del virus en un laboratorio de investigación en Wuhan, China. Aunque la mayoría de los científicos han descartado esta posibilidad, la idea de que el virus podría haber escapado accidental o intencionalmente de un laboratorio fue promovida por varios actores políticos y medios de comunicación.

5G y COVID-19: Otro ejemplo destacado de teoría de la conspiración durante la pandemia fue la asociación entre las redes 5G y el COVID-19. Algunos argumentaron que las ondas de radio emitidas por las torres 5G podían transmitir el virus o debilitar el sistema inmunológico, lo que hacía que las personas fueran más susceptibles a la infección. Esta teoría llevó a actos de vandalismo contra torres de telefonía en diversas partes del mundo.

Poderes Farmacéuticos y Vacunas: A medida que avanzaba la carrera para desarrollar una vacuna, circularon muchas teorías de la conspiración sobre el papel de las compañías farmacéuticas. Algunas de estas teorías sugerían que las farmacéuticas habían creado el virus para vender la vacuna, mientras que otras cuestionaban la eficacia y la seguridad de las vacunas, argumentando que podrían causar daños a largo plazo.

Cambios Sociales y Orden Mundial: Algunas teorías de la conspiración no se centraron en el virus en sí, sino en los cambios sociales y políticos que siguieron a la pandemia. Se sostenía que el COVID-19 era un pretexto para establecer un nuevo orden mundial, limitar las libertades civiles o introducir sistemas de vigilancia más invasivos.

Tendencias Culturales y Reacciones: En diversas culturas, la pandemia despertó antiguos miedos y supersticiones. En algunas áreas, hubo ataques contra personas consideradas responsables de la propagación del virus o contra grupos étnicos o religiosos injustamente asociados con el COVID-19.

Comparación entre Países: La gestión de la pandemia varió considerablemente de un país a otro, lo que dio lugar a comparaciones y especulaciones. Mientras que algunos países fueron elogiados por su respuesta efectiva, otros fueron criticados. Estas diferencias llevaron a teorías sobre la manipulación de datos, la verdadera gravedad de la pandemia y las posibles motivaciones políticas detrás de las decisiones de salud.

La vastedad y complejidad de las teorías de la conspiración surgidas durante la pandemia de COVID-19 subrayan la importancia de una comunicación clara, transparente y basada en pruebas científicas durante las crisis sanitarias globales. La difusión de información falsa no solo puede obstaculizar los esfuerzos para contener la enfermedad, sino que también puede tener graves consecuencias para la cohesión social y la confianza en las instituciones.

Teorías de la Conspiración: Las teorías de la conspiración, si no se abordan, pueden tener consecuencias graves, desde socavar la confianza en las instituciones hasta impulsar comportamientos socialmente perjudiciales o incluso violentos. Por esta razón, es esencial desarrollar e implementar estrategias efectivas para contrarrestar la difusión y adhesión a estas teorías. Aquí tienes una visión general de las estrategias de contrarresto, centradas en la educación, la concienciación y la responsabilidad de los medios.

Educación y Concienciación

1. **Pensamiento Crítico:** La educación debe poner un fuerte énfasis en el desarrollo del pensamiento crítico. Los estudiantes deben estar equipados con las herramientas necesarias para analizar y evaluar la información de manera objetiva y lógica. A través de ejercicios, debates y estudios de casos, pueden aprender a reconocer los prejuicios, las falsedades y las lógicas falaces.

2. **Formación en Medios:** En una era dominada por los medios digitales, la capacidad de navegar, comprender y evaluar críticamente el contenido mediático es fundamental. Los estudiantes deben recibir educación sobre cómo funcionan los motores de búsqueda, los mecanismos de los algoritmos de las redes sociales y cómo se forman las burbujas informativas.

3. **Historia de las Teorías de la Conspiración:** Conocer las teorías de la conspiración del pasado puede ayudar a las personas a reconocer los patrones y tácticas utilizados por los

propagadores de teorías modernas. Esta comprensión histórica también puede servir como un disuasivo, mostrando las posibles consecuencias perjudiciales de las creencias falsas.

Responsabilidad de los Medios de Comunicación

1. **Estándares de Periodismo Ético:** Es esencial que los medios de comunicación mantengan y promuevan estándares de periodismo ético. Esto incluye la verificación precisa de la información, evitar titulares sensacionalistas y citar fuentes confiables.

2. **Lucha contra las Noticias Falsas:** Plataformas como Facebook, Twitter y Google tienen la responsabilidad de identificar y reducir la difusión de noticias falsas o engañosas. Esto se puede lograr mediante el uso de algoritmos avanzados, verificación de hechos y denuncias de los usuarios.

3. **Promover Voces Expertas:** En tiempos de crisis o confusión, los medios de comunicación deben priorizar las voces de los expertos. Por ejemplo, durante una pandemia, las opiniones de virólogos, epidemiólogos y profesionales de la salud deben tener un lugar destacado.

4. **Diálogo Abierto y Transparencia:** Los medios de comunicación deben fomentar el diálogo abierto y la transparencia, permitiendo la discusión y la crítica constructiva. Esto ayuda a construir la confianza y reduce el espacio para teorías especulativas.

Diálogo Interpersonal El poder del diálogo cara a cara no puede subestimarse. Las conversaciones directas, llevadas a cabo con empatía y escucha activa, pueden ayudar a desafiar las creencias erróneas. Aquí tienes algunas técnicas que se pueden utilizar:

- **Empatía y Escucha:** Cuando las personas sienten que están siendo escuchadas y comprendidas, están más dispuestas a abrir sus mentes a nueva información. Evitar discutir de manera agresiva o burlona, ya que esto puede provocar más resistencia.

- **Proporcionar Ejemplos Concretos:** Los ejemplos tangibles y las historias personales pueden ser más persuasivos que simples estadísticas o hechos.

- **Reconocimiento de Verdades Parciales:** Algunas teorías de la conspiración pueden contener verdades parciales. Reconocer estos aspectos puede ayudar a construir un puente hacia una comprensión más amplia y precisa.

Campañas de Concienciación Pública Las
campañas de concienciación pública pueden dirigirse a
un público amplio, utilizando diferentes canales para
llegar a personas de todas las edades y grupos sociales.

- **Testimonios:** Presentar historias de personas
  que alguna vez creyeron en teorías de la
  conspiración, pero luego cambiaron de opinión,
  puede ofrecer una perspectiva poderosa y
  persuasiva.

- **Infografías y Contenidos Visuales:** Las
  personas a menudo responden mejor a la
  información visual que al texto. Infografías claras
  y bien diseñadas pueden descomponer temas
  complejos en formatos fácilmente comprensibles.

Colaboración con Plataformas en Línea Las
plataformas en línea, especialmente las redes sociales,
son terreno fértil para la difusión de teorías de la
conspiración. Sin embargo, también se pueden utilizar
como herramientas para combatirlas.

- **Seminarios web y Formación:** Organizar
  sesiones de formación en línea para educar al
  público sobre cómo reconocer y contrarrestar la
  información falsa.

- **Colaboración con Influencers:** Los
  influenciadores pueden tener un impacto
  significativo en las opiniones de sus seguidores.

Trabajar con ellos para promover información precisa puede ampliar el alcance de la educación.

Enfoques Legislativos El enfoque legislativo es delicado, ya que interactúa con la libertad de expresión. Sin embargo, existen medidas que se pueden tomar:

- **Leyes de Difamación:** Reforzar las leyes de difamación puede desalentar la difusión de información falsa que pueda dañar a individuos u organizaciones.

- **Responsabilidad de las Plataformas:** Se puede alentar o exigir a las plataformas en línea que tomen medidas contra la difusión de desinformación.

En conclusión, abordar las teorías de la conspiración requiere un enfoque multifacético que considere la complejidad del problema. No hay una solución única, pero con esfuerzos combinados por parte de educadores, medios de comunicación, plataformas en línea y legisladores, se puede construir una resistencia colectiva contra la marea de desinformación. La clave es la acción colaborativa: cada segmento de la sociedad tiene un papel que desempeñar para garantizar que la verdad prevalezca.

Conclusiones: Lecciones Aprendidas - El Futuro de las Teorías de la Conspiración Las teorías de la conspiración no son un fenómeno nuevo, pero su alcance e impacto han aumentado exponencialmente con la llegada de los medios digitales. Su existencia y persistencia son el resultado de una compleja interacción de factores psicológicos, sociales, políticos y tecnológicos. A través del análisis profundo de los diferentes aspectos de este fenómeno, podemos extraer algunas lecciones importantes y reflexionar sobre el futuro de las teorías de la conspiración.

Lecciones Aprendidas:

1. **Comprensión Profunda:** Para combatir eficazmente las teorías de la conspiración, es esencial comprender sus raíces y motivaciones. El miedo, la inseguridad y la necesidad de encontrar un enemigo o una explicación simple a problemas complejos son solo algunas de las razones psicológicas subyacentes a tales creencias.

2. **La Importancia de la Educación Crítica:** Enseñar a las personas a pensar críticamente, evaluar las fuentes y discernir entre información precisa y desinformación es fundamental. La educación no se limita al ámbito escolar, sino que debe impregnar la sociedad en todos los niveles.

3. **Responsabilidad de los Medios de Comunicación:** Los medios de comunicación desempeñan un papel crucial al informar al público. Deben ser conscientes del impacto que pueden tener y trabajar activamente para proporcionar información precisa y equilibrada.

El Futuro de las Teorías de la Conspiración:

1. **Persistencia y Adaptabilidad:** Aunque las teorías de la conspiración son tan antiguas como la humanidad misma, se adaptan constantemente a los tiempos. Con el surgimiento de nuevas tecnologías y la evolución de la sociedad, nuevas teorías de la conspiración surgirán inevitablemente, adaptándose al contexto actual.

2. **Mayor Interconexión, Mayor Difusión:** La interconexión proporcionada por la globalización y la tecnología significa que las teorías pueden difundirse más rápidamente que nunca. Esto representa un desafío significativo para los esfuerzos de desacreditación y corrección.

3. **Potencial para una Mayor Resistencia:** Con el aumento de la conciencia y los esfuerzos educativos, también existe una mayor oportunidad para construir una sociedad más resistente a las narrativas falsas. La educación crítica y la promoción de la verdad serán cada vez más esenciales en la formación del futuro.

En conclusión, las teorías de la conspiración seguirán siendo una parte persistente del tejido social, pero con una comprensión profunda, una educación efectiva y una responsabilidad mediática, la sociedad puede estar mejor preparada para abordar y mitigar su impacto. La clave será mantener un compromiso colectivo con la verdad, la racionalidad y la humanidad compartida.

Conclusiones: Teorías de la Conspiración - Un Análisis Integral Las teorías de la conspiración son una parte intrínseca de la cultura y la historia humanas. Este libro ha intentado presentar un análisis exhaustivo del fenómeno, explorando tanto sus orígenes como sus manifestaciones contemporáneas. Hemos recorrido:

1. **Introducción Histórica:** De dónde provienen las conspiraciones y cómo han cambiado con el tiempo.

2. **Medios de Difusión:** La evolución de los medios tradicionales y el surgimiento de las redes sociales como vehículos de difusión.

3. **Teorías Populares:** Desde la influencia de los Illuminati hasta las misteriosas teorías sobre la ufología.

4. **Factores Psicológicos:** La innata necesidad humana de encontrar significado, orden y a veces un enemigo.

5. **Impacto Social:** Las conspiraciones y sus repercusiones en la confianza en el sistema y las decisiones políticas.

6. **Ciencia y Educación:** La lucha entre hechos respaldados por pruebas y creencias arraigadas.

7. **Casos Famosos:** Eventos históricos que alimentaron numerosas teorías conspirativas.

8. **Economía y Poder:** Cómo algunas familias y organizaciones se convirtieron en el centro de muchas conspiraciones.

9. **Religión:** Conspiraciones que se entrelazan con creencias religiosas.

10. **Cultura Popular:** La representación de las conspiraciones en películas, música y literatura.

11. **Técnicas de Desacreditación:** Herramientas y métodos para desacreditar teorías infundadas.

12. **Política:** Cómo las conspiraciones pueden influir en la opinión pública y las decisiones políticas.

13. **El Peligro de la Desinformación:** La era de las noticias falsas y sus consecuencias.

14. **Estudio de Caso - Pandemia:** El surgimiento de teorías conspirativas durante crisis sanitarias globales.

15. **Estrategias de Contrarresto:** La importancia de la educación y el papel de los medios en abordar la desinformación.

16. **Conclusiones y Reflexiones:** Lecciones aprendidas y reflexiones sobre el futuro de las teorías de la conspiración.

17. **Bibliografía y Fuentes:** Una guía de recursos utilizados y recomendados.

Guías y Recursos Útiles: Para aquellos que deseen profundizar aún más, aquí hay algunos sitios web y guías útiles:

1. **Skeptical Inquirer (**<u>www.csicop.org/si</u>**):** Una revista dedicada a promover la ciencia y la razón, que aborda regularmente teorías de la conspiración.

2. **FactCheck.org:** Un recurso que se dedica a verificar los hechos y desacreditar información falsa o engañosa.

3. **Snopes (**www.snopes.com**):** Uno de los primeros sitios de verificación de hechos, centrado en verificar leyendas urbanas, rumores y teorías de la conspiración.

4. **The Conspiracy Theory Handbook:** Una guía que ofrece herramientas para comprender y desafiar teorías de la conspiración.

5. **Media Education Foundation (**www.mediaed.org**):** Un recurso dedicado al análisis crítico de los medios.

Siempre recuerda acercarte a cualquier tema con una mente abierta pero crítica, evaluando las fuentes y reflexionando sobre la información antes de sacar conclusiones. En una era en la que la información está al alcance de la mano, es fundamental aprender a discernir entre hechos y ficción.